Cartulaire de Morienval
et Chartes de l'Abbaye de Lieu-Restauré

Edition préparée par M. Peigné-Delacourt,
et qui ne sera probablement pas continuée.

—

Don du Comité archéologique de Senlis.

Mars 1876.

CARTULAIRE

DE

L'ABBAYE DE MORIENVAL

I.

LETTRES DE LA FONDATION DE L'ÉGLISE DE CÉENS.

In nomine sancte et individue Trinitatis :

Karolus divina propitiante clementia ; Rex Francorum. Si petitionibus fidelium nostrorum justis et rationabilibus divini cultus amore assensum prebemus. Id nobis, procul dubio, ad eternam beatitudinem capessendam, profuturum esse credimus. Notum ergo esse volumus cunctis fidelibus sancte Dei Ecclesie et nostris tam presentibus quam et futuris. Quia comes venerabilis pariter que markio [1] et abbas monasterii sancte *Marie Maurinianevallis, Robertus*, nostram adiens serenitatem, expetiit quoddam renovare preceptum supra res fratrum atque sanctimonialium supra dicti cenobii. Contigit enim illud cenobium igne cremari, in quo exusta sunt precepta que, virorum optimorum (consilio [2]), avus noster *Karolus* de rebus eorumdem fratrum ac sanctimonialium fecerat per deprecationem bone memorie avie nostre *Irmentrudis* imperatricis. Deputavit itaque imperator *Karolus* ob suam salutem et sue conjugis prememorate fratribus et sanctimonialibus de cenobio *Mauriniane vallis* sito in pago Vadense partem aliquam de rebus et villis abbatie *Mauriniane vallis* ad diversos usus et necessitates illorum sustinendis. Que res subter sunt notate. In pago Silvanettense, villam eis largitus est dictam *Bettoncortem* in qua

F° 1, n° 1, an. 920.

Lettres du roi Charles le Simple confirmant les donations faites à Morienval par plusieurs rois de France. Les titres avaient été perdus par suite d'incendie.

---

[1] Marcæ vel marchæ, seu Provinciæ limitaneæ præfectus. DU CANGE, v° Marchio.
[2] Ce mot a probablement été omis.

mansus est dominicatus ad quem respiciunt viginti septem mansi et ecclesia, farinarius [1] camba [2] silva minuta [3]. In eodem item pago, in villa *Roures* mansum unum ad vacariam [4] habendam. Item concessit omnem tertiam partem silvarum que pertinent ad villam *Plaieleyum* cum usibus earum. In pago denique Meldensi supra Matronam flumen in villa, concessit eis *Taurinica*, mansos sex. In pago vero Ambianensium, villam assensit quam dicunt *Pravovillarem* in qua mansus est indominicatus cum mansis viginti duobus cum camba, et ecclesiam cum capella, silve due. In pago etiam Vermandorum, delegavit villam eis vocabulo *Fonces* sitam super flumen *Engon* [5]; et est ibi mansus indominicatus cum mansis viginti quatuor et dimidio, Ecclesia, camba, silve. In pago Attrebatensi prebuit supra flumen *Sensadam* [6] villam *Ducentis* dictam in quo habentur mansi vigenti novem et dimidius, Ecclesia, farinarii duo, cambe due, silva Preterea *Theodorico comite venerabili et abbate* jam dicti monasterii deprecante, postea dignus memoria *Rex Karlomanus*, qui noster fuit frater, sepe dicte congregationi in pago Silvanectensi dedit de jure sue proprietatis fiscum qui vocatur *Frasnedus* et est situs supra flumen Altona [7], in quo habentur mansi septuaginta, in hiis locis conjacentes, in villa *Fenili*, in villa *Rodomo*, in villa Vastensense vicino in *Fallercas*, in *Bellenvalle*, in *Visteriaco*, in *Redo*. Hec villa est in pago Suessionensi. Sunt ibi silve tres, ecclesia cum capella, farinarii tres. De hiis igitur rebus superius comprehensis, ut nullus hominum presentium seu futurorum inquietudinem refragationem, prejudicium, violentiam, subreptionem, subtractionem, diminutationem [8], divisionem temptet facere prefate congregationi, hoc nostre auctoritatis preceptum fieri eidemque dari jussimus per quod res que imperator avus noster *Karolus* seu rex *Karlomanus* dederant cum ecclesiis, domibus, edificiis, vineis, terris, pascuis, silvis, pratis, aquis, aquarumve decursibus previis, mancipiis utriusque sexus omnibus aliis exactionibus justis, confirmamus jure firmissimo habendas predicte congregationi cum supra dictis rebus in pago Silvanectensi. Confirmamus eis in villa Almanorum septem mansos et dimidium cum camba et molendino, quas res quidam homo nomine Abba [9] dedit memorate congregationi; et postmodum rex Odo eidem confirmando consensit. Ut igitur hujus precepti auctoritas per futura annorum tempora firmiter observetur manu propria subter firmantes anulo nostro eam sigillari jussimus.

Datum XIII Kalendas februarii indictione octava, anno vigesimo octavo regnante *Karolo* rege glorioso, redintegrante [10]. XXIII largiore vero hereditate indepta VIIII [11] Actum castro Suessionis feliciter et congrue. Amen.

---

[1] Vel farinarium — *moulin* — molendinum ubi ex frumento molito farina conficitur (*Gloss.*, D. C.).

[2] Camba vel brasseria (*Cambe à Chervoise*) (D. C.).

[3] Sive cædua, *bois taillis* (D. C.).

[4] Vacaria, prædium vaccarum numero alendo idoneum (D. C.).

[5] L'Ingon, petite rivière qui se jette dans la Somme à Rouy-le-Grand.

[6] La Sensée. *Ducentis* paraît être Douchy (Nord), nommé dans le Dictionnaire manuscrit de Guilmot : *Dulcedum*.

[7] L'Automne.

[8] Ce mot n'a pas été relevé par Du Cange mais provient évidemment de *diminuere*.

[9] Origine du nom d'Abbécourt ?

[10] Ce mot qui se rencontre fréquemment dans les chartes du roi Charles le Simple, signifie l'année de son retour sur le trône après la mort du roi Eudes, ce qui, à partir de cette époque (an 898), donne l'année 920. Si au contraire, il s'agit du couronnement de Charles en 893 : il y eut vingt-huit ans, soit encore 920 (voir l'*Art de vérifier les dates*).

[11] Ces neuf ans représentent le laps de temps depuis que Charles avait repris son héritage en Lorraine.

II.

LETTRES DE L'ÉVESQUE DE AMIENS POUR L'AUTOLOGE[1] DE PARVILLER.

In nomine patris et filii et spiritus sancti. Amen. *Ingerannus* dei gratia *Ambianensis* ecclesie humilis episcopus, universis sancte matris ecclesie filiis tam presentibus quam futuris, sic per bona temporalia transire ut ad eterna valeant feliciter pervenire. Cum per amplissima regionis universe climata ab antiquis patribus longe late que imprimis sancta fundaretur ecclesia non solum auro argento gemmis et aliis quibusdam quam decere videbantur ornamentis, digne laudabiliter munierunt. Verum etiam terras decimas et alia hujusmodi beneficia eidem contulerunt. Que cum hec et alia libertatis plurima tempore patrum libere possideret et eorum munita presidiis incommodare volentibus quandoque resistebat quando que tamen prout erat asperior prose conventui impetus usque ad auferendas terras, possessiones, colla sumittere penitus oportebat. Post modo vero filiorum tirannidem in quo poterant resecantes pariterque utili et honesto sancte matris ecclesie non ad modicum in futurum providentes dignum quidam duxerunt patres prescripti ut eorum que haberet adhibitis probabilium personarum tam clericorum quam laicorum testimoniis, singula privilegium mater obtineret ecclesia quatinus annis et abeuntibus, si forte aliquorum invidia suis eam beneficiis quandoque privare conaretur usque in secundam tertiam et quartam progeniem et ultra, in testimonium ecclesie quasi vox viva littera loqueretur ad eorum igitur immutationem, Ego *Ingeranus* dei gratia *Ambianensis* ecclesie humilis Episcopus[2] consimilem quorum libet avaritiam supra hujus rei negocio in quo possum preveniens, altare de *Parvillari* cum appendiciis ejus prose per trecennalem possessionem obtinuisse legitimam concessione domui *Gervini* predecessoris nostri pariter que *Fulconis* archidiaconi multorum testimonio asserebat, *Monasterio Morienvallensi* abbatisse *Mathildi* pariter que monialibus tam futuris quam presentibus ibi deo servientibus in presentia personarum *Ambianensis* Ecclesie et canonicorum concedo. Salvis que *Ambianensis* Ecclesie debitis et consuetudinibus sigilli mei annotatione confirmo. Actum est hoc anno ab incarnatione domini nostri Jesu Christi millesimo centesimo undecimo Episcopatus autem domini *Ingeranni* secundo, regnante Francorum rege *Lugdovico*[3] consule Ambianensi *Karolo*[4] feliciter. Amen.

An 1111.
F° 37, n° 23.
Enguerrand, évêque d'Amiens, confirme au couvent de Morienval la possession de l'église de Parvillers, qui lui avait été concédée par Gervin, son prédécesseur (1091-1102).

III.

ACCORD DE L'ABBESSE DE MORIENVAL AVEC NIVELON II.

In nomine sancte et individue trinitatis. Amen. Sciant omnes tam futuri quam presentes quod Dominus *Nevelo de Petre Fonte* violentiam suam cum suo preposito *Bertramio, cognomine Kaïn* xxx^{ti}v libras denariorum cum licentia ducendi uxores de mortua manu hominum ecclesie sancte Dei genitricis et perpetue virginis Marie et *sancti Anoberti* qui in eadem ecclesia requiescit,

Vers l'an 1112.
Acte intercalé au revers de la page de l'Évangéliaire où se trouve la miniature représentant S. Mathieu (vers le milieu du Ms.)

---
[1] Attalagium.
[2] Sous le nom d'Ingelram, la *Statistique religieuse* (Migne) porte son avénement à 1115 seulement (1115-9 nov. 1127)
[3] Louis XI.
[4] Charles, comte d'Amiens.

injuste, importune, indecenter accipiens tenuerat. Quod ergo malum, et excommunicationis sententiamque in eadem ecclesia de hoc malo.... reus factus est. Obhorrens, penitens, ecclesiam venit : nobis forisfacti veniam petiit. Petens obtinuit.

Et tali conver.tione dimissa sibi ac pecunia iter absolutus est ; extra V solidos qui servientibus ecclesie in testimonium dati fuerunt. Ut si ille Nevelo vel alius iterum vim facerent vel quodcunque consilium nec auxilium de hac ultra darent, excommunicationis sententie subjaceret, et iterum dimissam pecuniam reclamaret Ecclesia.

Huic conventionis concordie interfuerunt. Dominam abbatissa *Mathildis* et domina *Aveldis* et domina *Adelina* thesauraria, et domna *Maria*, et dominus *Drogo* canonicus qui absolutionem fecit. Et dominus *Gerhardus* vice comes. *Bernerius Berchet. Valterus de Brione. Johannes de Cala. Tegnement de Crispeio. Hugo Ful. Johannes David prior. Ognius filius Theobaldi. Theodericus Cocus. Villelmus Belin. Terricus filius Hermengarti. Petrus Cocus.* Isti milites ; isti homines, hujus rei testes fuerunt.

IV.

AUGMENTATIO VICTUS [1].

Vers l'an 1122.
Page 1.
Écrit sur une feuille de parchemin restée en blanc, dans le manuscrit de l'Évangéliaire.

Sanctarum Christi monialium pia certamina debita veneratione, et recolentes mirabilem Deum in sanctissimis Dominum collaudemus, qui sanctis suis generosis nutu . . ac probis moribus superna gracia roboravit pro ipsius ætatis ac sexus infirmis nominis amore vincentibus et seculi mortisque tristitiam p... poscentibus illis gloriosam sui certaminis palmam contulit in cœlestibus, nobis autem plurima confert beneficia ut credimus d. . . . . . cinantibus. Quapropter sicuti cotidiana admonitione per suos presules sancta Mater Ecclesia agere nos hortatur laudare Deum, et in omni loco glorificare atque gratificando laudare semper ut bene valeamus. Illud p . . . benedicam dominum : in omni tempore semper laus ejus in ore meo.

Ego quoque incolatu nostri exilii inter multiplices vitæ presentis posita cupiens apostolicam implere admonitionem qua dicitur avaritia et cupiditas non nominantur a vobis. Plerum. . . . . . , . .. et honora dominum, nemo militans Deo implicat se negotiis secularibus ut ei placeat qui se probavit. Hoc igitur totum nec moriter retinens et actando . . . . . . Aliquuntulum. . . . offerens.

Domine nostre et abbatisse ad augmentum victus dominarum tam nostrarum presentium quam futurarum jam diu ecclesia ita ac in firmitate durabit omnibus diebus quibus fuerint eis concessa tria.

Ego. . . . endis caritative annuo vobis pro requie anime mee do similiter de piscibus in quibuscunque concederint diebus adaugeo eis sicut die superius dixi.

Hujus augmentationis testes fuerunt imprimis Abbatissa *Adelina*, scilicet que tunc temporis virga ferrea virgines sub ea degentes regebat cum sacerdotibus, monialibus et laicis. Presbiteri erant *Lambertus, Stephanus* . . . . *Hudreia* preposita. *Elizabeth* . . . . zolda regu. . . . uxor et ceterus conventus.

Cum ergo meq. . ex hoc voluerunt. Natariis. . .

---

[1] Cette page a été écrite avec une encre qui s'est écaillée, et laisse inconnu un grand nombre de noms. — P. D.

Ego et Adelina et h. . . . rales et eam omni. . . . nostri conventus autoritate Dei omnipotentis Patris et filii et Spiritus sancti et sacrorum canonum omniumque sanctorum quorum commemorationem ceteras orbis recolit; Illos excommunicamus damnanus et anathematizamus et sint Maranatha id est Salvatoris nostri et matris Dei ecclesie alienati. . . . , et pereant in eternum cum Juda traditore Domini Jesu Christi, Nerone . . . . Symone. . . . nisi resipiscerint et ad satisfactionem et emendationem venerint. — Fiat.

V.

LETTRES DE L'ÉVESQUE DE SENLIS POUR LA CURE DE BETTENCOURT.

In nomine sancte et individue trinitatis. Amen. Divine majestati fidele compensare debemus servitium que tale dignata est imbecillitati nostre conferre remedium ut post peccatorum delicta si penitere voluerimus, beneficii seu elemosinarum largitate vite eterne consequi non ambigemus premium, unde et nos saluti nostre consulere premoniti. Ego videlicet *Clarembaldus* Silvanensis ecclesie antistes, *Robertus* que archidiaconus illius beneficii personaticum quod in ecclesia de *Bettencourt* optinebamus, Ecclesie beate Marie Morinisvallis libere a nobis datum pro reatuum nostrorum indulgentia sigilli nostri privilegio, tam imposterorum quam presentium memoria, salvis tamen redditibus et consuetudinibus nostris, videlicet presbiteri ipsius ecclesie cum trigesimo confirmamus. Hujus rei testes sunt, *Robertus* decanus, *Bartholomeus* precentor *Hanno*. *Johannes*, *Herchembadus* Crispiacensis decanus. *Hugo* prefectus, *Stephanus*. Notum sit omnibus hominibus clericis quantum et laicis quatinus Malehildis abatissa tempore Lodoici regis Gallie, *Radulphi que* comitis *Veromandorum* in capitulo sancte Marie Silyanettensis, contendentibus canonicis, liberavit facta autem concessione preposita loco abbatisse posita ex caritate *Katherine* spontanea voluntate sua modium vini distribuit. Hujus rei testes sunt *Cecilia* preposita, *Havildis* prior *Hecelina Crispiaci* et alie, *Bernardus* canonicus et Fulio Alquinus villanus ipsius ville *Bettencourt* et *Robert*.

F° 42, an. 1127.
N. 28.

Clerembaut, évêque de Soissons, donne à l'église de Morienval le personnat de l'église de Bettencourt.

A la suite, est une notice qui donne lieu de conjecturer que l'abbesse Mathilde ayant eu quelques différends avec le chapitre de Senlis au sujet de la cure de Bettencourt, le procès se termina en distribuant un muid de vin aux chanoines.

VI.

LETTRES DE L'ÉVESQUE DE SENLIS D'UNE PROVENDE QU'IL SOULOIT PENRE EN CESTE ÉGLISE.

Petrus dei gratia Silvanettensis ecclesie humilis episcopus. Cecilie eadem gratia *Mornievallis* venerabili abbatisse omnibus que ei canonice successuris in perpetuum. Ad episcopalem pertinet auctoritatem bene statuta precedentium patrum non convellere, verum ex episcopalis officii debito confirmare. Ea propter soror in christo carissima *Cecilia* abbatissa, prebendam illam quam quidam predecessorum nostrorum habuerant quamque bone memorie *Clarembaudus* predecessor noster assensu Silvanettensis capituli guerpivit, nos quoque guerpimus et predecessores nostri dimissionem omni modis laudamus et confirmamus, prohibentes ne quis successorum nostrorum prebendam illam reclamare vel pro eadem aliquam commutationem aut retributionem exigere presumat et ut hec nostra confirmatio sive guerpitio ad posterorum notitiam pervenia presentem cartam fieri et sigillo nostro muniri precipimus. Sed et venerabilem fratrem nostrum Suessionensem episcopum dominum Hollenum rogavimus ut ad majorem auctoritatem sigillum suum apponeret. Si qua igitur ecclesiastica sive secularis persona hanc nostre institutionis for-

F° 43 N. 30.
An 1137.

Pierre (1134-1151), évêque de Senlis, confirme la donation que Clerembaut (1115 1133), son prédécesseur, avait faite au couvent de Morienval, du personnel de l'église de Bettencourt.

mulam infringere vel minutare temerario ausu voluerit. Secundo vel tertio ammonita nisi digne emendaverit, divine animadversionis sententiam incurrat. Hoc vero totum factum est, millesimo centesimo trigesimo septimo dominice incarnationis anno. Episcopatus autem nostri quarto. Signum *Hugonis, abbatis, longi pontis;* — S. *Archembaldi, decani de Crispiaco;* — S. *Hidonis, prebyteri nepotis ejus;* — S. *Bernardi, presbyteri de Cauleyo;* — S. Drogonis, *de Petrafonte;* — S. Johannis, *tuici;* — S. Havildis, *priorisse;* — S. Hesceline, *thesaurarie;* — S. Hermete; — S. Halquini, *de Falsomonte;* — S. Guichardi, *majoris;* — S. Theodorici, *quoqui;* — S. Anculfi.

VII.

LETTRES DE L'ÉVESQUE DE NOION SUR LA CONFIRMATION DE LA CURE DE OYSIN [1].

Page 82, an 1142.
N. 68.
Simon de Vermandois, évêque de Noyon, confirme la donation de l'autel d'Oisni aux religieuses de Morienval, par Simon de Magni.

In nomine Patris et filii et spiritus sancti. Amen. Ego Symon dei gratia Noviomensis episcopus, tam presentibus quam futuris in Christo fidelibus in perpetuum. Maxima pastori ecclesiastico incumbit necessitas ut nominis sui virtutem diligenter attendat et quod ex injuncto sibi officio dicitur operum exhibitione sollerter compleat. Debet siquidem omnibus et maxime domesticis fidei prout prevalet prodesse et ecclesiarum justis utilitatibus sui favoris studium exhibere. Quocirca mi filia *Cecilia* abbatissa de Morienval in domino plurimum dilecta altare de *Oisin* quod *Symon de Manni* jure antecessorum suorum laica manu usurpative tenuerat, pro anima fratris sui Hermari in manu nostra werpitum ab eodem *Symone,* tibi tuis que successoribus et sororibus tuis perpetuo possidendum canonice contradimus; videlicet, ut in eodem altari habeatis oblationes, minutam decimam et terram ad dotem altaris pertinentem, sane pro eodem altari nobis et ministris nostris respondebitis et singulis annis episcopo Novioniensi Synodalia persolvetis. Ut igitur hec nostra largitio firma et illabata permaneat, pontificali auctoritate precipimus et perturbatorem hujus eleemosine ex accepta potestate excommunicamus et privilegium istud nostro sigillo corroboramus. Hujus rei testes sunt suppositi. S. Balduini decani; — S. Petri *cantoris;* — S. ilberti, *Capellani;* — S. Rogeri, *Diaconi;* — S. Gualberli, *Diaconi;* — S. Andre, *Canonici;* — S. Roberti, *Canonici;* — S. Gurrimondi, *Canonici;* — S. Nicolai, *Canonici.*

Actum *Novioni* in presentia nostra, anno ab incarnatione domini millesimo centesimo quadragesimo secundo.

VIII.

LETTRES DES DISMES QUI FURENT DONNÉES A LA CURE DE OYSNI.

F° 81, an 1148.
N. 67.
Simon, évêque de Noyon, confirme les dons antérieurs et le présent faits aux religieuses de Morienval.

In nomine Patris et filii et spiritus sancti. Amen. Symon dei gratia Noviomensis Episcopus ecclesie beate marie *Morgnevalils, Cecilie* venerabili abbatisse cum universis sororibus tam futuris quam presentibus in perpetuum. Ad nostrum spectat officium de hiis qui deo famulantur curam et sollicitudinem gerere et eorum sustentationem elemosinam impendere. Donum igitur quod vir venerabilis memorie *Symon de Maigni* dilecta soror *Cecilia* dudum ecclesie tue et tibi

[1] Le mot a été certainement transformé par le copiste; c'est *Oisni* qui figure dans l'acte précédent.

ob salutem anime fratris sui *Hermeri* dedit videlicet minutam decimam et dotem altaris de *Oisni* quod ad nostrum feodum pertinet et hoc aliud donum quod idem *Symon* volens *Jherosolimam* proficisci eidem ecclesie *Morgnevalli* in presentia nostri facit videlicet magnam decimam ejusdem altaris ob remedium anime sue nec non et pro amore matris in eadem ecclesia sub monachali habitu deo servientis hec itaque dona eidem ecclesie concedimus et sub perpetua libertate deinceps possidenda presentis pagine munimento firmamus. Salvo quidem jure nostro et ministrorum nostrorum et presbiteri eidem altari servientis. Dat autem eadem ecclesia de recto censu duos solidos denariorum provinensium *Symoni* et heredi suo, pro recognitione hujus elemosine. In festo sancti *Remigii* assignat etiam *Symon* prenominate ecclesie decem modios frumenti et quinque modios avene in decima sua de *Maigni*. Si aliquis hanc elemosinam impedierit et tamdiu ecclesia hos quindecim modios annone tenebit quoad usque heres *Symonis* post scriptam elemosinam liberaverit et hoc quia ad nostrum pertinet feodum similiter concedimus. Ut hoc igitur ratum et inconvulsum permaneat tam testium sub assignatione roboramus et ne ab aliquo ulterius violetur episcopali auctoritate et sub anathemate prohibemus. Signum Simonis Episcopi ; — S. Hugonis *Cancellarii ;* — S. Guiberti, Gualberti, Rainardi, *presbyterorum ;* — S. Roberti, *abbatis de Ursicampo ;* — S. Petri Theodorici, Johannis, *monachorum ;* — S. Ysane, *monialis matri, abbatis de Ursicampo ;* — S. Ade *monialis ;* — S. Symonis de Montescourt, Mathei de Peronna, Rabodi de Muirencourt ; — S. Guiardi Rosel, Galteri *nepotis sui ;* Odonis Bonardi Rollandi Morel, Petri Boivin, Alberti, filii Petri Strabonis.

Actum Novioni anno millesimo centesimo quadragesimo octavo dominice incarnationis.

IX.

LETTRE D'UN ACCORT ENTRE L'ÉGLISE DE CÉENS ET L'ÉGLISE DE SAINT-FRAMBOUT DE SENLIS SUR LES DISMES DE PLAILLY.

Ego *Ebruinus* dei gratia sancti Framboldi Silvanettensis decanus et *Ansellus* ejusdem Loci *Thesaurarius* totum que ejusdem ecclesie capitulum, Notum fieri volumus tam futuris quam presentibus quoniam ecclesia de Plailli et decima totius parrochie illius est de *Thesauraria* sancti Framboldi preter duas culturas que sunt de domanio regis et preter viginti quinque arpennos terre arabilis quorum decima est ecclesie de *Morgnevalle*. Orta est autem dissensio intes has predictas ecclesias de decimis novalium que vulgo dirrupticia vel *essart* vocantur que fiebant in domanio regis, utraque enim ecclesia decimam eorum sibi venditare volebat. Tandem tempore *Ancelli* Thesaurarii dissentio illa sedata est eo pacto ut ecclesia de *Morgnevalle* decimam novalium quam pro triginta annis se in pace possedisse sacramento quatuor legitimorum virorum probare posset quiete teneret, medietatem vero omnium novalium que infra triginta annos in domanio regis facta fuerunt et que deinceps fierent, ecclesia de *Morgnevalle* haberet et Thesaurarius sancti Framboldi aliam medietatem, pace autem sic disposita persone utriusque ecclesie apud *Plailli* convenerunt et ibi ut predictum fuerat sacramento quatuor virorum recepto, Ecclesia de *Morgnevalle* sexaginta arpennos et dimidium in propria decimatione obtinuit. Quorum un decim et demi culta erant, Reliqua vero olim culta, Jam tunc arbustis et vepribus obsita erant, Quod ne diutina oblivione posset deleri, litterarum memorie commendavimus et utriusque ecclesie

1159.

N. 59.

Accord entre le couvent de Morienval et le chapitre de Saint-Frambout de Senlis, au sujet de la dime des novales de Plailly.

sigillis confirmavimus. Hujus rei testes sunt Magister *Manerius Stephanus* precentor Silvanettensis ecclesie, *Odo* canonicus ejusdem ecclesie. *Richardus*, capellanus abbatisse et *Rainerus* canonicus de *Morgneval* Actum apud *Plailli*, anno verbi incarnati millesimo centesimo quinquagesimo nono.

X.

LETTRES D'UN ACCORD ENTRE L'ÉGLISE DE CÉENS ET L'ÉGLISE DE SAINT-ÉLOY POUR LES DISMES DE FONCHES.

Page 58, v° au 1161.
N. 43.
Accord entre le couvent de Morienval et l'abbé de Saint-Éloi de Noyon, au sujet des dîmes de Fonches, etc.

In nomine Patris filii et spiritus sancti. Amen. *Ego Balduinus* dei gratia Noviomensis episcopus. Notum fieri volo tam futuris quam presentibus quod causa illa que pro decima de Funcis inter venerabilem fratrem *Guiboldum* abbatem sancti Eligii *et Petronillam* abbatissam ecclesie *Mornevallensis* dudum obborta et ante nostram presentiam diutius exagitata fuerat. Tamdem compositione interveniente et domino qui est autor pacis largiente, hoc modo finita est et terminata fuerat si quidem apud Funcas nemus quod antiquitus *defensum* vocabatur. Quo in loco agricultura modo exercetur ubi abbas in decima partem habere volebat, sicut in ceteris locis illius ville habebat. Sed abbatissa contradicebat. Concessum est autem ex utraque parte quod abbas in terra jam dicti nemoris unde querela extiterat deinceps sextam garbam habebit : cetere vero garbe totius decime ad domum abbatisse trahentur et si monialis vel conversus ab abbatissa missus fuerit, abbatissa per obedientiam ei precipiet ut res ad ecclesiam sancti Eligii pertinentes cum quocumque ministro ab abbatissa misso fideliter observet quod si alia persona ab abbatissa illic statuta fuerit, serviens seu minister abbatis clavem habebit et custodiet et fidelitatem utrique faciet. In toto autem grano decime et in forragio in croino quoque et in hautonno abbatissa duas partes et abbas tertiam habebit. Querela vero illa que de cultura abbatisse emersa fuerat, hac compositione penitus omissa est et extincta. Ut hoc igitur quod pro bone pacis factum est, ratum et inconvulsum habeatur litterarum nostrarum auctoritate et presenti cyrographo munimus et tam sigillo nostro et sigillis utriusque ecclesie quam testium sub ponponitorum attestatione corroboramus et ne ab aliquo ulterius violetur, episcopali auctoritate prohibemus. Testes. Signum Balduini, Episcopi ; — S. Guiboldi, abbatis ; — S. Petronille, abbatisse ; — S. Hugonis, concellarii.

Item testes Drogo, Rainerus, Rainaldus, Symon de Mani, Robertus de Fræmont, Dudo de Mani, Fulco Nihars, Stephanus Prior, Johannes de Manni, Gerbodo abbas, Helvidis, Walterus Villicus, Bernardus de Falso, Monte, Odo Bonars, Richardus Capellanus, Robertus Villiacus, Radulphus, Fulcredus, Andreas.

Actum anno verbi incarnati millesimo centesimo sexagesimo primo.

XI.

LETTRES QUE NUS CLERS NE PUIST EMPÉTRER SUR L'ÉGLISE DE CÉENS.

Page 32, an 1161.
N. 19.

Alexander, episcopus servus servorum Dei. Dilectis in christo filiabus, abbatisse et conventui monasterii *Mornivallis* ordinis sancti *Benedicti* suessionensis diocesis salutem et apostolicam benedictionem. Decet et expedit ut gravati supra provisionibus clericorum per sedem apostolicam que veluti pia mater eorum preces plerumque non potest indurata facie pertransire, per nos alicujus relevationis solatium assequantur. Cum igitur monasterium vestrum, sicut asseritum sit, super plurium provisionibus pregravatum, nos vestris devotis supplicationibus inclinati, auctoritate vobis presentiam indulgemus ut ad receptionem vel provisionem alicujus in pensionibus seu aliis ecclesiasticis beneficiis per litteras apostolice sedis vel legatorum ipsius compelli minime valeatis absque speciali mandato sedis ejusdem faciente plenam et expressam de hac indulgentia mentionem. Nulli ergo omnino hominum liceat hanc paginam nostre concessionis infringere vel ei ausu temerario contraire. Si quis autem hoc attemptare presumpserit, indignationem omnipotentis Dei et beatorum *Petri* et *Pauli* apostolorum ejus se noverit incursurum.

Datum Laterani,.... Martii pontificatus nostri anno secundo.

Bulle du pape Alexandre III qui décharge l'abbaye de Morienval de toutes les provisions ou pensions que le St-Siège pourrait donner à ses clercs à prendre sur ladite abbaye.

XII.

LETTRE DE XVIII ESSINS DE GRAIN CHASCUN AN QUE ON PRENT A AILE ET XVIII ESSINS SEUR LE MOLIN DE SELVAI.

In nomine Patris et filii et spiritus sancti. Amen. Ego *Hugo* dei gratia Suessionensis episcopus. Notum volumus esse tam presentibus quam futuris conventionem pacis et concordie quam in presentia nostra erga monasterium *Mornevallis* inierunt Johannes et Robertus filii *Guermundi de Selvai* et *Aelidis* uxoris ejus ipsa, siquidem *Aelidis* de territorio *Laudiniense* oriunda post obitum ejusdem mariti sui, ad religionis habitum *Morgnevallis* se conferens, dedit eidem monasterio in elemosinam, consentientibus filiis suis, triginta sex essinos annone annuatim solvendos post mortem ejus. Ipsi filii super hac elemosina injuriosi extiterunt. Postea vero, resipientes, predictam elemosinam a matre et ab ipsis factam in presentia nostra cognoverunt et se deinceps reddituros promiserunt. *Robertus* quidem XVIII essinos de terragiis suis apud *Aquilam* ad mensuram ipsius ville. Johannes vero XVIII de molendino suo apud *Selvai* et hoc litteris domini Laudiniensis se confirmaturum promiserunt et non id ratum habentes, ne quis a modo calumpniam supra hoc injuste moveat, anathemate prohibemus. Hujus rei testes sunt : Johannes et Rogerus, *archidiaconi*, Rogerus, *abbas sancti Crispini de Cavea*, Magister Gilbertus. Stephanus, Galterus presbiteri et *canonici*. Fulbertus Decanus, Theobaldus de Berny, *decanus*, Richardus, *decanus* MORGNEVALLE, GAUFRIDUS BRUSLARS, GOBERTUS DE PETRAFONTE, GALTERUS ROSEL, *miles*, Odo, Bunas, Matheus, Richardus, Noel servientes.

Actum Suessione, incarnati verbi anno millesimo centesimo sexagesimo sexto.

F° 59, an 1168.

N. 48.

Hugues II (de Champfleury), évêque de Soissons, confirme la donation faite au couvent de Morienval d'une rente en blé à prendre à Aile (S. Pierre Aigle).

XIII.

LETTRES DE QUATRE MUIS DE BLÉ CHASCUN AN SEUR LE MOLIN DE FONCHES.

Quoniam ob temporum mutabilitatem et vite hominum brevitatem rerum gestarum memoria diu haberi non potest. Idcirco quicquid firmum quicquid esse ratum volumus scripto committimus. Notum igitur tam presentibus quam futuris fieri volumus quin ego *Cecilia Morgnevallis*

F° 54, an 1145.

N. 39.

Vente par Raoul,

comte de Vermandois, d'un moulin avec cellier, et un bois, sis à Fonches, sous le cens de quatre muids de froment, mesure de Roye, etc.

abbatissa, ecclesie consilio et assensu capituli nostri et ecclesie servientium, donavimus *Radulpho* comiti Viromandorum, ad censum, molendinum nostrum de villa nostra que dicitur *Fonte* cum vivario et nemus quod ad eandem villam pertinet, ita quoque quod singulis annis in festo sancti Martini solvet nobis quatuor modios frumenti de eodem molendino, modio Roye, mensuratos nostro etiam et ipsius comitis *Radulfi* rationabili assensu in manu nostra retinuinus quod de nemore ad usus nostros ad grangias nostras faciendas et reficiendas capiemus in vivario quidem bis in anno in Assumptione et Nativitate ejusdem Virginis Marie piscari ad *generale faciendum* [1] in festo piscis faciemus ut firmius mentibus succedentium infigatur subscribimus. Testes : *Signum* Cecilie abbatisse, S. Avidis priorisse ;— S. Erme Thesaurarie ;— S. Aveline ; — S. Petronille ; — S. Ade ; — S. Rostellini Capellani ; — S. Rainerii ; — S. Walteri ; — S. Wiardi Majoris et Obreti ; — S. Mathei ; — S. Walteri : ex parte comitis, Albericus Roye, Johannes Bulgo et Arnulphus filius ejus, Theobaldus filius Adam, Odo de Fenils et Wauterus filius ejus.

XIV.

LETTRES DE DEUX MUIS DE VIN ACHATÉ A BETTENCOURT.

F° 59, an 1173.

N. 57.

Donation par Honoré, clerc à l'église de Morienval, de deux muids de vin à prendre à Bettencourt au cneilloir de Bertrand le Jongleur, sans recours d'usufruit.

In nomine sancte et individue trinitatis. *Ego Petronilla* dei patientia humilis abbatissa *Morgnevallis*. Ex injuncta nobis divinitus cura sollerter providere debemus ne quod affectu bone voluntatis erga Ecclesiam nostram agitur ad injuriam benefactoris retorquatur. Inde est quod notum fieri volumus universis presentibus et futuris quod ex largitione et munificentia *Homeri Clerici* comparavimus duos modios vinagii in villa nostra que dicitur *Betencourt* a *Bertrano Joculatore* et heredibus ejus, quos prefato Homero annuatim habendos et recipiendos concedimus ; vel si vinum illud in predicta villa recipere noluerit apud *Morgnevallem* aliud vinum ad valens duorum modiorum de *Betencourt* eidem Homero reddemus. Si vero vinum aliquo anno defuerit pro restitutione vini jam dicto Homero viginti solidos ecclesia nostra reddet. Post decessum autem suum idem Homerus prefatos duos modios vini pro remedio anime sue et omnium benefactorum suorum Ecclesie nostre in elemosinam dedit. Nos vero assensu totius capituli nostri, pro bona voluntate et munificentia ipsius, vel vinum vel restitutionem ut presens pagina continet singulis annis omni vita sua eidem Homero concessimus et ne inquietari ab aliquo possit, presens *Chirographum* sigillo nostro cum testibus roborari decrevimus. Signum Helizabeth *priorisse* ; — S. Ade *Thesaurarie* ; — S. Legardis *precentricis* ; — S. Richardi *decani et canonici* ; — S. Petri *Sacerdotis* ; — S. Fulconis *Sacerdotis*.

Testes, *Walterus* major de *Bettencourt* et *Lambertus* filius *Arnulphi*. Actum anno incarnationis domini millesimo centesimo septuagesimo tertio.

---

[1] *Ad generale faciendum*, désigne la distribution d'une portion de poisson à chaque moine ou autre mets supplémentaire : un extra.

XV.

LA CONFIRMATION DE BIENS (A JAUX). RICHARD, DOYEN, DE CÉANS TÉMOIN.

In nomine sancte et individue Trinitatis. Quum providentia divine bonitatis primum hominem ad ymaginem et similitudinem suam de limo terre formavit atque mulierem de costa ejusdem hominis factam in adjutorium illi dedit eosque simul benedicens ait : crescite et multiplicamini et replete terram. Ipse quoque filius dei de Virgine matre ob redemptionem humani generis veram nostre humanitatis formam sine peccato assumere dignatus nuptiis interfuit et miraculi novitate nuptiarum convivas letificavit, predicans etiam et docens, auctoritate proprii sermonis legitimum matrimonium confirmavit dicens ; quod Deus conjunxit homo non separet. Idcirco ego *Eustachius* tanta auctoritate fretus et precedentium patrum exemplo provocatus, in jus dotalicii concedo et presenti pagina testiumque ac fidejussorum subscriptione confirmo *Petronille* sponse mee legitimo matrimonio per testimonium Sancte Matris Ecclesie michi conjuncte ista que hic scripta continentur. Videliet domum in eam que est in vico Hospitalis, medietatem vinee quam habemus inter me et fratrem meum apud villam que dicitur *Gellis* et medietatem vinee quam similiter habemus apud *Marriniacum* et portionem vinee de *Chantepie* que me contingit. Dono etiam eidem uxori mee medietatem quatuor solidorum census et quatuor caponum quos habemus inter me et fratrem meum ad portam domus Hilarii : qui quatuor solidi sunt *Cathalaunum* monete quos habemus de mensura quam modo tenet *Wido Alvearius* ac medietatem quatuor solidorum compendiensis monete in vico Hospitalis, quos habemus de mansura quam tenet *Radulphus* filius *Wichardi* et *Radulphus* de *Cosduno faber* et medietatem terre campestris quam habemus inter me et fratrem meum, ubicumque sit. Hujus prenominati dotalitii pactione manu propria per fidem suam confirmavit atque inde fidejussor extitit Claro frater meus ; ex parte quoque mea fidejussores et testes hujus dotalitii sunt isti : *Johannes* et *Thomas* avunculi mei, *Guido* forestarius, Bartholomeus pocionarius [1], *Petrus Carta*, *Johannes Bigotus*, *Richardus* decanus Mornievallis, etc.

F° 33, an 1174.

N. 20.

Confirmation de donation de biens à Jaux et Margny par Eustache à Pétronille, son épouse. (Richard, doyen de Morienval, et autres témoins.)

XVI.

LETTRES DE LA CONFIRMATION DE LA FONDATION DE CETTE ÉGLISE.

Alexander Episcopus servus servorum Dei, dilectis in Christo filiabus Petronille abbatisse Maurianensis vallis ejusdemque sororibus tam presentibus quam futuris regularem vitam professis imperpetuum. Cura nos amovet suscepti regiminis ut omnibus qui sub religionis habitu domino famulantur apostolicum debeamus patrocinium exhibere, scilicet tanto ferventius, nos convenit vobis adesse quanto minus pro fragilitate sexus et assumpte religionis proposito vestra potestis jura tueri. Quapropter dilecte in Christo filie, vestris justis postulationibus clementer annuimus et Ecclesiam vestram in qua dicto estis obsequio mancipate, sub beati Petri et nostra

F° 5, an 1176.

N. 2.

Bulle du pape Alexandre III confirmant les donations faites aux religieuses de Morienval, et qui leur permet, lorsqu'il y aura un interdit général, de célébrer le service divin à voix basse, huis clos

---
[1] *Id est Tabernarius.*

et sans sonner les cloches.

protectione suscipimus et presentis scripti privilegio communimus. In primis si quidem statuentes ut ordo monasticus qui secundum Deum et beati Benedicti regulam in eodem loco noscitur institutus propensus ibidem temporibus inviolabiliter observetur. Propterea quascumque possessiones, quecumque bona eadem ecclesia in presentiarum juste et canonice possidet in futurum concessione pontificum, largitione regum vel principum, oblatione fidelium, seu aliis justis modis, prestante domino, poterit adipisci, firma vobis et hiis qui post vos successerint et illibata permaneant. In quibus hec propriis duximus exprimenda vocabulis. Locum ipsum in quo prefata Ecclesia sita est cum omnibus pertinentiis suis in episcopatu Suessionensi. Ecclesiam sancti Dionisii cujus habetis personagium, tertiam partem decime ad illam Ecclesiam pertinentis et aliam decimam que dicitur parva decima, et est in culturis comitis et terris censualibus ac sartis que fiunt in nemore *Rest*, ubi illud nemus est de domanio ecclesie vestre. Nemus, qui sic ad usus vestros, terras arabiles, vincas, prata, molendinum, hospites, mancipia utriusque sexus in nomine, terragium et decimam in villa que dicitur *Aquila* de terragüs *Roberti de Selvai*, decem et octo essinos frumenti. In *Episcopatu Silvanensi*, decimam que dicitur sancti *Clementis* et sancti *Dionisii de Fraisnoy*. Molendinum de *Gastevosin* et totam decimam de terra comitisse in *monte Fresnedi*, villam *Bethencurt* ecclesiam cujus personagium habetis decimas terras arabiles molendinum, prata, torcular in villa *Brai*, campipartem et decimam quos recipitis a sancti monialibus *Hedere*. Uno anno sex minos frumenti. Alio anno quatuor marchagii. In villa *Plailleiaco* decimam culturarumque sunt de domanio regis et sexaginta arpentorum terre preter culturas et dimidiam partem decima sartorumque pertinent ad predictam villam. Preterea duos modios annone et unum avene quos vobis abbas *Loci Restaurati* singulis annis exsolvit. *In episcopatu Ambianensi* in *Pravovillari* ecclesiam ejusdem personagium terram arabilem decimam hospites et mancipia in *Fransart*, Ecclesiam, duas partes decime. *In Episcopatu Noviomensi* in *Fonceaus* duas partes decime, hospites, mancipia. Terram arabilem in molendino ejusdem ville singulis annis quatuor modios frumenti. In vivario bis in anno piscationem in *Disni* ecclesiam personagium, terram ad altare pertinentem decimam in omnibus predictis episcopatibus, libertatem ab exactione pedagii tam ab ecclesia vestra quam asservientibus vestris de hiisque ad victum seu vestimentum pertinent. *In Belvacensi* similiter apud *Cosdunium* preterea compositionem inter vos et ecclesiam sancti Framboldi super quibusdam decimis apud *Plali* de libero et spontaneo assensu pretium (partium) rationabiliter factam et hinc inde susceptam sicut in scriptis autenticis, vestris et ejusdem ecclesie continetur ratam habemus et firmam eamque auctoritate apostolica confirmamus. Sane novalium vestrorumque propriis manibus ant sumptibus colitis sive de nutrimentis vestrorum animalium nullus a vobis presumat decimas exigere. Cum autem generale interdictum terre fuerit, liceat vobis clausis januis exclusis excommunicatis et interdictis, non pulsatis campanis, supressa voce divina officia celebrare. Sepulturam quoque ipsius loci liberam esse decernimus ut eorum devotioni et extreme voluntati qui se illic sepeliri deliberaverint. Nisi forte excommunicati vel interdicti sint, nullus obsistat. Salva tamen justitia illarum ecclesiarum a quibus mortuorum corpora assumuntur. Obeunte vero te nunc ejusdem loci abbatissa vel tuarum qualibet succedentium nulla ibi qualibet subreptionis astucia seu violentia proponatur nisi quanti sorores communi consensu vel sororum pars consilii sanioris secundum Dei timorem et beati Benedicti regulam providerint eligendam. Decernimus ergo ut nulli omnino hominum liceat prefatam ecclesiam temere pertubare aut ejus possessiones auferre vel ablatas retinere minuere seu quibuslibet vexationibus fatigare scilicet illibata omnia et integra conserventur earum pro quarum gubernatione et sustentatione concessa sunt usibus omnimodis profutura salva sedis apostolicæ auctoritate et diocesani episcopi canonica justitia. Si qua igitur in futurum ecclesiastica secularisve persona hanc nostre constitutionis paginam sciens contra eam venire tenere temptaverit, secundo tertiove commonita, nisi presumptionem suam digna satisfactione correxerit, potestatis honorisque sui dignitate careat reamque se divino judicio existere de perpetrata iniquitate cognoscat et a sacratissimo corpore et sanguine Dei et Domini Redemptoris nostri Jesu Christi aliena fiat atque in extremis examine districte ultioni subjaceat. Cunctis autem eidem loco sua jura servantibus sit pax Domini nostri Jesu Christi quatinus et hic fructum bone actionis percipiant et apud districtum judicem premia ejus pacis inveniant. Amen. *Datum Anagnie* per manum Graciani sancte romane Ecclesie subdiaconi et notarii. XIII *kalend. iulii* indictione nona incarnationis dominice. Anno millesimo centesimo septuagesimo sexto. Pontificatus vero *Alexandri* Pape nostri anno XVII.

XVII.

LETTRES DE L'ABBESSE DE HIERRE DE GRAIN QUE ON PRENT A BRAY.

In nomine Patris et Filii et Spiritus sancti. Amen. Ego *Clementia* dei gratia abbatissa sancte *Marie de Hedera*. Notum fieri volui presentibus et futuris quod *Petronilla* abbatissa de *Morgneval*, annuente capitulo suo concessit Ecclesie nostre Silvanettensis sancti Remigii totum campartem et decimam terre quam eadem Ecclesia sancti Remigii a supra dicta ecclesia de Morgneval apud *Braium* ad excolendum tenebat, libere et quiete perpetuo possidendam. Ita tamen quod pro ipso camparte et decima singulis annis quibus ipsa terra frumento seminata fuerit sex minas frumenti in festo sancti Remigii sanctimoniales solvent quibus vero avena vel ordeo vel alio semine fuerit seminata quatuor ejusdem seminis eodem termino similiter solvent. Quando autem eadem terra exculta non fuerit, nichil reddent.

Testes sunt hii : *Richardus Capellanus* abbatisse, *Gualterus* major, *Odo Bonas*, *Herluinus tinctor*.

F° 58, an 1176.
N. 47.
Clémence, abbesse d'Hierre, abandonne, moyennant un cens, aux religieuses de Morienval le champart et le dixième, sur une pièce de terre à Bray.

XVIII.

SENTENCE DU DOYEN DE MENUS SUR LES DISMES DE PLAILLI.

P. Humilis minister sancti Remigii et R. decanus Remensis universis ad quos littere esse pervenerint salutem in Christo. Ad notitiam vestram pervenire volumus quod cum Dominus Papa causam que vertitur inter abbatissam et Moniales de Morinavalle et magistram Held. Thesaurarium Sancti Frambaldi super quibusdam decimis de Plailliaco Domino archiepiscopo Remensi apostolice sedis legato remota appellatione terminandam delegasset ipse Dominus archiepiscopus causam istam auctoritate Domini Pape et Domini Archiepiscopi apostolice sedis legati magistrum Held. thesaurarium ad diem certum adversus abbatissam et Moniales citatum. Die autem illo abbatissa cum suis nobis se exhibuit sed thesaurius neque venire neque aliquem prose Responsalem mitiere curavit, quemdam tamen clericum misit per quem excusationem quo minus venit quamvis non sufficientem pretendit et diem alium sibi profigit postulavit. Nos itaque alium diem, illi atque hunc peremptorium prefiximus ad quem sicuti ad primum diem tam venire

Horty, t. 3, p. 1174, an 1176.
Sentence arbitrale qui maintient l'abbesse de Morienval en possession des dîmes contre le trésorier de St-Frambourg.

quam aliquem pro se mittere Responsalem contemsit. Duo tamen clerici die illo ad agendum prefixo nobis se exhibuerunt ab eodem thesaurario ut dixerunt missi et nomine ipsius adversus abbatissam et moniales super hac querela experiri parate ; sed neque litteras neque cautionem aliquam de ratihabitione pro sœpe dicto thesaurario nobis obtulerunt. Die vero isto nos quibusdam urgentibus negotiis impediti partes audire nequivimus unde diem sequentem illis prefiximus et duobus clericis nomine thesaurarii ut dixerunt misses quoniam diem istum recipere recusabant in mandatis dedimus ne ante diem illum recederent sed expectarent et si quid haberent die illo pro thesaurario adversus abbatissam responderent. Illi autem die isto non expectato nobisque inconsultis recesserunt. Nos habito honestorum et discretorum virorum consilio suspectoque autentico scripto utriusque Ecclesie sancti Frambaldi videlicet et ecclesie de Morienvalle super compositione inter easdem ecclesias jam dudum super istis decimis celebrater et privilegio Domini Pape quod inspeximus confirmata abbatissam et Moniales propter manifestum contumaciam thesaurarii in possessionem harum decimarum auctoritate Domini Pape et Domini archiepiscopi apostolice sedis mitimus.

XIX.

LETTRES DOU CONTE DE FLANDRE DE DIX LIVRES CHASCUN AU PRINS A CRÉPI.

F° 86, an 1182.
N. 76.
Philippe, comte de Flandre et de Vermandois, et sa femme Elizabeth, donnent au couvent de Morienval une rente de 10 livres à prendre sur le lieu de Crépy.

In nomine sancte et individue Trinitatis. Ego Philipus Flandrie et Viromandie comes et Elizabeth uxor mea, notum esse volumus tam presentibus quam futuris quod pro animabus nostris et antecessorum nostrorum ecclesie beate Marie de Morgnevalle in elemosinam perpetuo possidendam decem libras concessionus. Quas singulis annis in festo sancti Remigii tam ex censu quam ex traverso Crispeii recipient. Facta est autem hec elemosine nostre donatio per manus Henrici Albanensis episcopi sancte Romane Ecclesie Cardinalis apostolice Sedis legati et Theobaldi Cluniacensis abbatis. Que ut rata et inconcussa permaneat, imperpetuum presentem paginam sigillorum nostrorum auctoritate et testium annotatione muniri precepimus. Signum Henrici Albanensis episcopi ; — S. Theobaldi Cluniacensis abbatis ; — S. Gerardi de Mecines ; — S. Ebrardi Capellani ; — S. Walteri de Attrebato ; — S. Magistri Guillelmi de Mecines ; — S. Joseph de Bruyeres ; — S. Robini de Meest ; — S. Godardi de Gandavo ; — S. Hellini Senescali ; — S. Savallanis Henkeden ; — S. Alnulfi Bulgri : — S. Radulfi Turci ; — S. Bartholomei de Toriario ; — S. Theobaldi de Ogero ; — S. Lamberti Minarii ; — S. Erchembaudi Malingri.

Actum est hoc anno verbi incarnati millesimo centesimo octagesimo secundo.

XX.

LETTRES D'UN ACCORT ENTRE L'ÉGLISE DE CÉANS ET L'ÉGLISE DE SAINT-RIEUL SEUR DISMES DE CESTE RIVIÈRE.

F° 35, an 1188.
N. 21.
Accord entre le

In nomine sancte et individue Trinitatis. Amen. Que pro bona fide et zelo concordie facta sunt ne oblivioni tradantur litterarum apicibus dignum duximus allegari. Qua propter ego Stephanus dei miseratione ecclesie capitulum notum fieri volumus tam presentibus quam futuris quod cum orta fuisset controversia inter Ecclesiam nostram et Ecclesiam beate Marie Mornievallis supra decimationem quarumdam terrarum de qua tertia pars ad jurisdictionem ecclesie nostre noscitur pertinere, due vero ad ecclesiam beate Marie Mornievallis. Nos igitur paci et utilitati utriusque ecclesie providere volentes in hunc modum, Deo annuente, composuimus : scilicet quod nos posuimus supra quinque discretos bone fame et opinionis viros ut ipsi, tactis sacro sanctis reliquiis veritatem diligentius inquirerent et inquisita et cognita veritate jus suum unicuique Ecclesie attribuerent quo pes acto in hunc modum arbitrati sunt videlicet quod de omnibus terris censualibus et campartalibus de quibus major recepit censum vel pollas ecclesia nostra habebit tertiam partem et Ecclesia beate Marie duas. Preter quasdam mansuras que sunt ad Pontem Rotundum de quibus habemus tertiam partem et ecclesia beate Marie duas, salvis aliis terris de quibus nulla fuit mota questio et feodum decanatus de quo fuerat orta questio ecclesie beate Marie in pace demittetur preter mansuram de qua tertiam partem habemus et ecclesia beate Marie duas et ne valeat oblivione deleri scripto commendamus et sigilli nostri impressione firmamus et nomina testium imposuimus. Signum Henrici archidiaconi ; — S. Arnulphi diaconi ; — S. Petri de Brayo subdiaconi ; — S. Petri sacerdotis ; — S. Berengarii ; — S. Hauberti de Requignis ; — S. David Revelart; — S. Guyardi Ruffi ; — S. Richardi Robart ; — S. Adami Rosel ; — S. Oberti fratris sui ; — S. Theobaldi majoris ; — S. Petri Decani.

Actum est hoc in claustro beate Marie Morgnevallis. Anno ab incarnatione Domini millesimo centesimo octogesimo octavo pridie kalendarum martii.

convent de Morienval et le doyen du chapitre de Saint-Rieul à tenter au sujet du cens et du champart sur diverses pièces de terre.

XXI.

LETTRE DOU ROI DE FRANCE SEUR LA QUITTANCE D'UN HOSTISE SÉANT A PLAILLI.

In nomine sancte et individue Trinitatis. Amen. Philippus Dei gratia Francorum rex. Noverint universi presentes pariter et futuri quod hostiziam unam quam moniales de Mornevalle habent apud Plailliacum et hospitem qui ibi manserit, dum tamen earum conversus sit et religionis habitum habeat, quittamus omnino in perpetuum ab omni consuetudine. Si vero aliquis qui religionis habitum non haberet in hostizia illa monialium maneret, hostiziam quidem et hospitem ab omni consuetudine quittamus, sed exercitus nostros et equitationes reddet. Quod ut ratum et firmum permaneat presentem paginam sigilli nostri auctoritate annotate precipimus confirmari. Actum apud Fontemblaudi, anno incarnati verbi millesimo centesimo octogesimo nono, regni nostri undecimo, astantibus in palatio nostro quorum nomina supposita sunt et signa : Comitis Theobaudi dapiferi nostri : — S. Guidonis buticularii ; — S. Mathei camerarii ; — S. Radulphi constabularii.

F° 84, an 1189.
N. 73.
Charte du roi Philippe-Auguste qui exempte de toutes coutumes l'hostise que les religieuses de Morienval possèdent à Plailly.

XXII.

LETTRES DOU SEIGNEUR DE HANGEST DE CE QU'IL AVOIT A FRANSART.

Ego Florentius de Hangest presentibus et futuris notum fieri volo quod, cum Jherosolimis proficisci deberem, jus quod habebam apud Fransart videlicet imponendi trituratores super deci-

F° 58, an 1190.
N. 46.

Florent de Hangest, partant pour Jérusalem, exempte les batteurs de blé d'un droit à payer sur la dîme de Morienval à Frausart.

mam ecclesie de Morgneval furfur quod supererat eidem ecclesie intuitu caritatis imperpetuam elemosinam concessi assensu uxoris mee. H. et J. filii mei et presens scriptum ad majorem imposterum super hoc certitudinem sigillo meo confirmavi.

XXIII.

LETTRES DE L'EVESQUE D'AMIENS POUR LA DISME DE CASTEL.

F° 43, an 1190.

N. 29.

Lettre de Thibaut, évêque d'Amiens, au sujet de la concession faite par Robert du Castel, de biens à l'abbaye de Moreuil.

In nomine sancte et individue trinitatis. Ego Theobaldus Ambianensis dictus episcopus presentibus et futuris in communem volumus venire notitiam quod constituti in presentia nostra Robertus miles de Castello eam partem quam habebat in decima de Castel, assensu uxoris sue et heredum suorum beate Marie de Morgneval per manum nostram in perpetuam elemosinam concessit : cui concessioni dominus Bernardus de Morolio ad cujus eadem decima spectabat et uxor ejus et Bernardus filius eorum assensus concordites prebuerunt. Hoc tamen idem Robertus sue concessioni adjecit quod de eadem decima ecclesia de Morgneval ecclesie sancti Taurini tres modios frumenti et dimidium avene illud etiam posterorum noticie sub trahi nolumus quod Domina Hersendis de Dyencourt dum ageret in extremis duos modios frumenti assensu Odonis militis filii ejus et Domini Symonis fratris sui pro anniversario suo memorate ecclesie de Morgnevalle per manum nostrum imperpetuam elemosinam assignavit qui annis singulis in agricultura quam Symon major de Diencourt hereditario jure excolendam suscepit sine contradictione recipientur. Ut igitur hoc ratum existat, presens scriptum sigilli nostri appensione confirmamus.

Actum est hoc anno millesimo centesimo nonagesimo.

XXIV.

LETTRES DOU DON DE LA TERRE DE JAUSI.

F° 45, au 1192.

N. 32.

A. , héritière de Pierrefonds, donne aux religieuses de Morienval une pièce de terre où on peut semer un muid de blé, et une maison.

Noverint presentes et futuri quod ego. A. heres Petre fontis et domina in elemosinam dedi perpetuam ecclesie beate Marie Morianevallis terram in territorio de Jauzy ad serendum tres modios Suessionensis mensure capacem et preterea *Odonem le Charon* et Helizabeth uxorem Galteri et dicam[1] ipsis et domui prius indicam[2] absolute et libere eidem ecclesie concessi. Quod ut ratum sit sigilli mei munimine confirmavi. Actum est hoc millesimo centesimo nonagesimo secundo in ecclesia beati Johannis de Silva. Istis proventibus quorum nomina scripta sunt Johanne Bernardo, Symone Guillelmo, Drocone sacerdotibus, Petronilla abbatissa beati Johannis, Petro Balduyno de Berongnes, Drocone de Cortiex, Hervico de Banru militibus, Anculfo Bonas, Anguino Roberto Caalonge servientibus.

---

[1] *Dica*, taille. (Du Cange.)
[2] Lisez *indictum*.

XXV.

LETTRES D'UN ACCORT ENTRE L'ÉGLISE DE CÉENS ET L'ÉGLISE DE SAINT-RIEULE DE SENLIS POUR LES DISMES DE CETTE RIVIÈRE.

Ego *Gaufridus* dei gratia Silvanettensis episcopus. Noverint tam presentes quam futuri quod cum ecclesia *beati Reguli* Silvanettensis et monasterium de Morgneval de terris in territoriis jam dicte ville et diversarum villarum circa eandem villam consistentibus decimam communem haberent; ita quidem quod in ea idem monasterium duas partes, ecclesia autem beati Reguli tertiam partem ibidem reciperet. Quum supra his emergentibus causis varie sepius quod nec ecclesias nec ecclesiasticas personas decet, inter eos questiones et dissensionum cause oriebantur, predicte ecclesie canonici *Petronille* illius monasterii abbatisse et sanctimonialibus ibidem deo deservientibus tam futuris quam presentibus in perpetuum et per eas ipsi monasterio quicquid habebant in predicta decima que ipsis communis erat, ubicumque sit, sub annua et certa pensione septem modiorum frumenti et trium et dimidii avene ad mensuram videlicet granarii beate *Marie de Morgneval*, singulis annis usque ad festum beati Martini solvendorum, concesserunt possidendam. Salva tamen pensione bladi que a fratribus Loci Restaurati in grangia eorum de *Houdrival* annuatim eisdem canonicis antea solvebatur et decima vini in qua cum eisdem sanctimonialium de *Fresnoy* predictum granum persolvetur. Si quid autem solutioni defuerit quod ibidem de decima inveniri non possit, in grangia earum de Monte juxta estimationem et valorem predicti grani reddetur quod fuerit residuum. Preterea singulis annis, ante augusti initium, famulus qui custos erit grangie de *Fresnoy* et alii qui decimam ad grangiam adducent canonicis vel nuncio eorum quem ad hoc ad *Morgneval* destinaverit fidelitatem facient, et prestito sine fraude et dolo juramento firmabunt quod prefata decima nec per eos nec per aliquem alium sub eorum conscientia aliquam recipiet pejorationem seu detrimentum. Ceterum si terre ad vineas redierint, canonici sicut et in aliis vineis que ejus decimationis sunt, tertiam partem recipient. Si vero vinee ad agriculturam forte revertantur, decimam earum sub prenominate pensionis titulo sine aliquo incremento canonicis exhibendo memoratum habebit monasterium. Quod ut ratum sit et maneat inconcussum, nos exinde ad preces utriusque partis presentem fecimus cartam sigilli nostri munimine roboratam. Actum Silvani in claustro nostro, quinto nonarum maii anno domini millesimo centesimo nonagesimo primo, astantibus Stephano *decano* predicte ecclesie beati Reguli, Johanne Bulla, Galtero de Ver, Arnulpho, *diaconis et canonicis*, Petro de Brayo, Ansoldo Martino, *subdiaconis*, Willelmo Rotondo, Radulpho Pralart beate Marie *canonicis*. Ex parte monasterii de *Morgneval*, Petronille *abbatissa*. Ada *thesauraria*, Agne *cantorissa*. Fulcone de Gilocourt et Willelmo, *presbiteris et canonicis ejus monasterii*, Theobaldo Majore, Anculfo Bonart, Adam Rosel.

P. 46, an. 1191.

N. 33.

Accord entre le couvent de Morienval et le chapitre de Saint-Rieul de Senlis, au sujet de la dîme sur diverses terres à Morienval et Fresnoy.

XXVI.

LETTRES DE QUITTANCE DE L'ABBÉ DE HÉRIVALS SUR TERRES QUI SONT AU TERROUER DE CÉENS.

Page 84, an 1200.
N. 72.

Thibaut, curé du monastère de Morienval, donne quittance à l'abbé d'Hérivaux de 60 liv. au sujet de la donation faite par Richard, prêtre.

Ut priorum facta posteris nota permaneant et ea nullatenus varietatis amica consumat oblivio, indiciis litterarum a prudentibus solent eternarique nullam sustinet varietatem sed emergentibus calumpniis fronte occurit erecta et rei seriem incommutata loquitur varietate. Proinde ego *Theobaldus* monasterii beate *Marie Herivallis* humilis minister, universis tam presentibus quam futuris per presens scriptum notum facio quod pro assensu et bona voluntate totius capituli nostri, ecclesie et sanctimonialibus *Mornievallis* que nostra fuerunt in territorio suo de dono et elemosina domini *Richardi* quondam loci sacerdotis ejusdem, supra quibus inter nos et prefatam ecclesiam querela antea vertebatur, sicut a bone memorie et sancte recordationis viris *Petro* videlicet decano sancti *Thome de Crespeyaeo* et Herberto canonico beati Reguli Silvanettensis et aliorum prudentium virorum pro bono pacis communicato consilio, salubriter ordinatum est : sexaginta librarum parisiensis monete soluto precio imperpetuum quittavimus et quittamus. Quod ut sanum sit et stans perseveret, sigillorum nostrorum virtute fecimus insigniri. Actum anno incarnati verbi millesimo ducentesimo.

XXVII.

LETTRES DE DEUX MUIS ET SIX MINES DE BLÉ ET D'AVOINE ET VINGT-SIX SOLZ DES POTEZ DONNÉS A BETTENCOURT.

Page 36, an 1200.
N. 22.

Robert, maire de Béthencourt, et Anselme de Faussemont donnent au couvent de Morienval diverses terres. Ils avaient assigné que la jouissance leur en serait conservée pendant leur vie.

Noverint tam futuri quam presentes quod *Robertus* major de *Bettencourt* et *Anselmus* de *Faussemunt* de usurpationibus quas supra bona ecclesie beate *Marie Mornievallis* diu fecerant penitentes eidem ecclesie duos modios et sex minas frumenti et avene quos in *horreo de Bettencourt* annuatim recipièbant 36 soulz despotez [1], quos apud *Bethencourt* habebant, uxoribus eorum, presentibus et pueris et heredibus et hoc benigne concedentibus, in elemosinam imperpetuum concesserunt. Sed quia nullum bonum ad eo inremuneratum, remuneratio supra eos non cessavit. *Domicella* etenim *Marguareta* et *Agnes* neptis ejus in XII libris fortium quos ab Ada matre predicte *Agnetis* receperant eorum inopiam misericorditer visitarunt ; propter quod predictis *Domicellis* a *Petronilla* abbatissa ejusdem ecclesie et ab universo conventu concessum est ut quamdiu vixerint fructum pretaxate elemosine percipiam et amplius ut ad quicquid boni discretio earumdem eandem elemosinam disposuerit ratum perpetue teneatur. Ita tamen quod ecclesia a sui doni possessione non privetur. Hujus rei testes sunt Fulco et Petrus et Willelmus *Sacerdotes*, Martinus et Petrus et Libertus *Clerici*, Theobaldus et Auquilfus *tunc Majores*, Lambertus et Odo filius ejus, Ricardus Bonus, Ricardus Rosel, Heluidis *priorissa*, Cecilia de Baubeigni, Heluidis Ruffa, Cecilia de Anieres, Agnes et Penthecostes.

[1] De potestate?

XXVIII.

**LETTRES DE L'ÉVESQUE DE NOÍON QUE LA COLLATION DE LA CURE DE OYSNI APPARTIENT
A L'ÉGLISE DE CÉENS.**

Stephanus dei gratia Noviomensis episcopus. Omnibus ad quos presentis pagine noticia pervenerit notum fieri volumus quod nos altare de *Oisni* quod pie recordationis vir venerabilis *Symon* Noviomensis episcopus ecclesie de *Morgneval* concessit et confirmavit sicut in autentico ejus vidimus contineri, eidem ecclesie concedimus et confirmamus; concedimus etiam donationem parrochie de Oisni ecclesie quocienscumque ipsam parrochiam vacare contigerit. Super hoc igitur auctoritatis nostre munimen et testimonium sub sigilli nostri karactere duximus apponendum. Actum publice in palatio nostro apud Noviomum. Anno gratie millesimo ducentesimo secundo. Datum per manum fratris *Petri* et concellarii nostri.

P. 83, an 1202.
N. 69.
Étienne I*er*, évêque de Noyon, reconnaît la confirmation donnée par Simon, évêque, du don d'Oisny aux religieuses de Morienval.

XXIX.

**LETTRES DE LA COMTESSE DE VALOIS QUE IL NE DOIT AVOIR EN CETTE ÉGLISE
QUE SOISSANTE NONAINS.**

In nomine sancte et individue trinitatis. Amen. *Elienor Comitissa sancti Quintini* et *domina Valesie* omnibus imperpetuum. Accedens ad nos *B. Morgnevallis* abbatissa, videns ecclesiam suam maxima sororum multitudine oneratam et aggravatam facultatibus etiam et appendiciis ejusdem ecclesie tenuibus et parvis et tante multitudini minime sufficientibus et deficientibus necessariis fore destitui, eo quod in nostro domanio ecclesia sita esset et fundata petivit a nobis ut ad hoc preberemus assensum quod certum numerum constitueret in ecclesia tam dicta auctoritate ordinis scilicet sexaginta sororum. Nos autem non injustas petitiones ipsius attendentes per peritorum ac religiosorum virorum consilium et per preces totius ejusdem ecclesie cenventus ad hoc inducte fuimus quod ad predicte abbatisse postulationem liberum prebuimus assensum et ne aliquis prefatum numerum presumat excedere, predicta abbatissa sub excomunicationis sententia apposuit inhibitionem, nisi forte aliqua in extremis laborans, si ad ecclesiam predictam deferri postulaverit et in religionis habitum vitam elegerit terminare. Ad hanc igitur institutionem tenendam illibatamque conservandam imposterum, presens scriptum sigilli nostri impressione voluimus confirmari. Actum anno domini millesimo ducentesimo quarto. Datum per manum Droconis clerici nostri.

Page 87, an 1204.
N. 77.
Charte d'Éléonore, dame de St-Quentin et de Valois, accordant à l'abbesse de Morienval la faculté de n'avoir en son couvent que soixante nonnains.

XXX.

LETTRES DE L'ÉVESQUE D'AMIENS QUE LA COLLATION DE LA CURE DE PARVILLER APPARTIENT A L'ÉGLISE DE CÉENS.

Page 72, an 1204.
N. 58.

Guillaume, évêque d'Amiens, déclare que la collation de la cure de Parvillers appartient à l'abbesse de Morienval et non à lui, et qu'en conséquence il a fait résigner celui qu'il avait nommé à la dite cure.

Universis presentes litteras inspecturis *Guillelmus* miseratione divina Ambianensis episcopus salutem in domino. Cum nuper ecclesia parrochiali de *Parviller* nostre diocesis, per mortem domini *Johannis* dicti de Ponte Episcopi[1] quondam ejusdem parrochialis ecclesie curati, vacante, religiosa mulier abbatissa monasterii beate *Marie de Morgnevalle* Suessionensis diocesis ad dictam parrochialem ecclesiam ad ejusdem abbatisse presentationem notorie spectantem, nobis *Joannem* Marlart de *Franseriis*[2] clericum presentasset, Et nos, non obstante presentatione predicta ex parte dicte abbatisse nobis' pro dicto *Johanne* facta dilecto capellano nostro *Symoni de Roboreto* presbitero dictam parrochialem ecclesiam contulissemus et ipsum in eadem de facto instituissemus predicta abbatissa hoc ignorante et quod dictum *Symonem* supra dicta ecclesia parrochiali nobis presentaret minime requisita quod quum presentatio ejusdem parrochialis ecclesie ad eandem abbatissam spectare noscatur nobisque datum sit intelligi quod eadem abbatissa dicat et consideret premissa facta fuisse et attemptata in ejusdem abbatisse dicti monasterii etiam ac juris sui patronatus prejudicium et gravamen. Noveritis quod nos ex collatione et institutione predictis ex dicta parrochiali ecclesia eidem *Symoni* ut predicitur factis, nolumus aliquod jus nobis aquiriri aut predicte abbatisse seu ejus monasterio prejudicium generari. Nos vero jus ejusdem abbatisse et dicti monasterii supra premissis omnibus et singulis ac etiam in vacationibus dicte parrochialis ecclesie volentes illesum modis omnibus observari et ne prenominata abbatissa propter collationem et institutionem predictas de nobis materiam habeat conquerendi, fecimus per dictum *Symonem* dictam parrochialem resignari et sic dicta ecclesia parrochialis libere resignata presentationem ejusdem ad memoratam abbatissam duximus remittendam. Quidquid autem contra dictam abbatissam ejus etiam monasterium et jus sui patronatus quantum pertinet ad omnia premissa et singula fuerit attemptatum seu factum revocantes penitus et expresse. In cujus rei testimonium sigillum nostrum presentibus litteris duximus apponendum. Datum anno domini millesimo ducentesimo quarto, die veneris post octabam beati *Martini hyemalis*.

XXXI.

LETTRE D'UN ACCORT ENTRE L'ÉGLISE DE CÉENS ET L'ÉGLISE DU LIEU RESTORÉ POUR LES DISMES DESSEUR FRESNOY.

Page 79, an 1205.
N. 66.

Accord entre le couvent de Morienval et celui de Lieu Restauré, au sujet des dîmes de Fresnoy.

Ego *Elinandus* Loci Restaurati minister humilis, omnibus has litteras inspecturis imperpetuum. Noverint tam presentes quam futuri quod cum quedam terre quarum decime partim ad nos

---

[1] Jean, dit de Pont-l'Évêque, curé de Parvillers.
[2] Francières, nom actuel.

partim ad participes decime que sancti *Dionisii* dicitur in parrochiali territorio de *Feniex* aliisque territoriis circumjacentibus videlicet abbatissam *Morgnevallis*, canonicus sancti *Gervasii* Suessionensis et *Andream* militem de Bestizi, *Hugonem de Viseri*, et Petrum fratrem ejus et *Wichardum de Ambleni* pertinebant. Ita inter mixte et illaqueate essent quod frequentes in messium collectione inter fratres nostros de Houdrival et eosdem participes jurgia et discordie orirentur fratribus nostris ad decimationem nostram quasdam terras attrahere volentibus, quas illis de sua decimatione esse dicebant, similiter illis hoc idem facientibus. Tandem consilio bonorum virorum pro bono pacis in decimam quorumdam arpentorum que ad nos pertinebat eos habere permisimus et ipsi similiter quorumdam arpentorum decimam que eorum erat nobis dimiserunt. Ita quod ex una parte decimam nostram haberemus separatam a decima eorum et ipsi similiter decimam suam separatam a nostra haberent, unde metas hoc assignantes concorditer infiximus. Sunt autem hec mete que has decimationes determinant. Prima meta est fixa subter viam juxta salicem veterem prope aquam Autonne retro pontem *Roout*. Secunda est ad caput de *Braela* que dividit terras beate *Marie Morgnevallis* et sancti *Arnulphi*. Ab ista, itur per crestam montis ad tertiam que est juxta tegulariam et ab illa itur tota semita de Wastivoisin ad quartam que dividit terras beate *Marie* et sancti *Crispini* versus pedem juratum in semita fixa. Ab ista itur per deforis terram *Philipi Mangoyre*, ad sextam que est in angulo juxta terram domine Asteline et ab hoc angulo itur ad septimam metam que est in capite terre *Landrici* versus Crispeium. Aliarum metarum prima est ulmus de *Fresnoy*, sicut via tendit ad metam que est deforis rubum sancte *Genovefe* et ab hac cresta itur tota cresta montis usque ad monasterium de *Bourgon* et a monasterio per deforis vineam *Balduini* nigri sicut recte itur ad fontem *Wigerii* et ab ipso fonte tota rivula usque ad aquam Autonne et ab ipsa aqua ad pontem de *Fresnoy*. Omnem decimationem quam nos ultra metas istas videlicet versus participes prenominatas habebamus per hanc compositionem eos imperpetuum habere concessimus ipsis similiter omnem decimationem infra dictas metas scilicet versus non ad eos pertinentes nos in perpetuum possidere concedentibus. Ut autem compositio firma et stabilis imperpetuum permaneat, assensu capituli nostri, eam sigilli nostri munimine roboravimus. Actum est hoc anno dominice incarnationis millesimo ducentesimo quinto.

XXXII.

LETTRES DE GRAINS QUE L'ÉGLISE DE CÉENS PRENT A LIEU RESTORÉ.

Notum habeat tam futura successio quam presens hominum generatio quod ego *Elinandus* Loci Restaurati minister humilis, assensu nostri capituli, universam decimam quam in parochiali territorio de *Fresnoy* seu aliis ibi adjacentibus territoriis possidebamus ecclesie beate *Marie Morgnevallis* concedimus perpetuo possidendam. Et *Berta* abbatissa totusque ejusdem ecclesie conventus quidquid in parochiali territorio de *Feniex*[1] seu aliis ibidem adjacentibus territoriis habebant usque ad *Holdrival*[2] ecclesie nostre ad censum perpetuo possidendam concesserunt eo scilicet tenore quod nobis duos modios id est duodecim sestarios[3] mediocris annone et unum modium id est sex sestarios avene ad festum sancti *Martini* in horreo de *Holdrival* et ad mensu-

Page 5, an 1205.

N. 4.

Échange entre Élinand, abbé du Lieu Restauré et Berthe, abbesse de Morienval, par lequel ledit Elinand cède la dîme qu'il a le droit de prendre dans la paroisse de Feigneux, sous les clauses respectives détaillées dans ledit acte. Les limites des dites dîmes sont fixées.

[1] Feigneux, nom actuel.
[2] Haudrival, ferme dépendant de Feigneux.
[3] Le muid était, on le voit, de six setiers.

ram granarii sui de *Morneval* annuatim accipient, et ut in posterum omnis de predictis territoriis sopiatur contentio, rem ipsam terminantes, locis provisis metas concorditer imposuimus. Sunt autem hec mete quibus decimationes nostre a decimationibus prefate ecclesie separantur. Prima meta est fixa supra viam prope aquam Autone retro Pontem rotondum [1]. Secunda est ad caput de *Braella* que dividit terras beate *Marie de Morgneval*, et sancti *Arnulfi*. Ab ista itur per crestam montis ad tertiam que est juxta tegulariam et ab illa itur tota semita de *Wastivoisin*, ad quartam que dividit terras beate *Marie* et sancti *Crispini*. Ab ista itur ad quintam que est in via *Mornevallis* et *Feniex* que dividit terras beate *Marie* et sancti *Crispini*. Ab ista itur per deforis terram domine Asteline et ab angulo itur ad septimam metam que et in capite terre *Landrici* versus *Crespium*. Aliarum metarum prima est ulmus de *Fresnoy* sicut via tendit ad metam que est in capite terre domini *Frecheri* et sicut terra domini *Frecheri* vadit usque ad metam que est deforis rubum sancte *Genovefe* et ab ista meta tota cresta montis usque ad monasterium de *Bourgini* et a monasterio per deforis unicam [2] Baldivini nigri sicut recte itur ad fontem *Wigeri* et a fonte toto rivulo usque ad aquam Autonne et ab ipsa aqua usque ad pontem de *Fresnoy*. Omnes ut supra diximus quam ultra metas istas scilicet versus *Fresnoy* et versus *Wastivoisin* antiquitus decimam tenebamus per hunc conventum et per alteram compositionem nostrarum decimationum ab invicem separatorum inter nos confirmatam ecclesiam *Mornevallis* in perpetuum possidere concessimus et eadem ecclesia quicquid ut dictum est infra metas usque ad *Holdrival* decimationis habebat nobis concessit possidendum acceptis viginti arpentis in monte jacentibus. Inter Pontem de *Roont* et pedem juratum [3] infra metas terminatas in quibus abbatissa decimam retinet cum suo terragio eorumdem arpentorum tenuit *Petrus Romandus* tres arpentos. *Petrus de Mortuofonte* tres. *Odo* faber, duos. *Hugo Maillardus* duos. *Raimbaudus* et *Galterus de Wastivoisin* quatuor tenuerunt. *Hubertus* et *Robertus* de *Longomesnilio* sex super *Braele* tenuerunt. Sciendum est etiam quod apud *Morecourt* decimam decem arpentorum quam ibidem antea tenebat prefata ecclesia nos in perpetuum possidere concessit, qui ita sunt assignati. Quatuor sunt ad *Morigulam* et de terra *Drogonis* arpentum et dimidium et *Renondus* tenuit arpentum et dimidium *Robertus* sicus arpentum unum. *Robertus* fortis et Augis unum arpentum. *Oydelons* unum arpentum et nos in perpetuum similiter in monte de *Bethencort* undecim arpentorum et dimidii decimam eam possidere permisimus quos sic annotavimus : de terra domini *Ansoudi* sunt septem arpenti de terra *Richardi de Chaucheris* et sociorum ejus tres arpenti de terra sancti *Arnulfi* arpentus et dimidius. Ut autem hec portio rata et inconcussa habeatur cyrographo sigilli que nostri roboravimus testimonio. Acta sunt hec anno verbi incarnati millesimo ducentesimo quinto.

[1] Pondron.
[2] (?)
[3] Le pié juré, probablement la limite convenue.

XXXIII.

LETTRES DE L'ÉVESQUE DE SOISSONS QU'IL NE DOIT AVOIR QUE SOIXANTE NONNAINS.

Nivelo dei gratia Suessionensis episcopus omnibus imperpetuum. Noverint universi presentes et futuri quod cum monasterium de *Morgneval* instancia creditorum oppressum et ere alieno fuisset adeo pregravatum, quod fere usque ad exanimationem pervenerat extremam nisi per nostram sollicitudinem subventum fuisset eidem. Nos considerantes quod ipsius monasterii facultates ad sustentationem tante multitudinis monialium et eris aliene solutionem minime spectabant ut prefatum monasterium nostra diligentia et pastoralis officii sollicitudine posset aliquantulum respirare, de voluntate abbatisse totiusque conventus, communicato prudentium et religiosorum virorum consilio, ordinavimus et statuimus, perpetuis temporibus observandum, ut ultra sexagenarium numerum in monasterio prenominate moniales nullatenus assumantur, nec aliqua recipiatur, donec ad constitutum numerum redigantur, omnes anathematis vincula supponentes qui huic nostre constitutioni presumpserit obviare. Ut autem hec perpetuam optineant firmitatem presentem institutionem auctoritate pontificali duximus, confirmandam. Actum anno domini millesimo ducentesimo sexto mense Martio.

Page 76, an 1206.

N. 63.

Charte de Malou, évêque de Soissons, qui fixe à soixante le nombre des religieux dudit couvent.

XXXIV.

DON A LIEU RESTORÉ PAR L'ABBESSE DE CÉANS.

Ego *Bertha* abbatissa *Morgnienvallis* dicta nosterque conventus, omnibus tam presentibus quam futuris notum fieri volumus quod cum inter nos et fratres *Loci Restaurati* separandas decimas nostras pluribus campis et vineis illaqueatas nobis decime sue quasdam partes ab iis accipientibus, eisque decime nostre quasdam partes funditer concedentibus possidendas, quedam concordia firmaretur. Et in ejusdem vendemiis sextam partem decime vini IX arpennorum retro pontem de *Rount* versus *Sursaux* existentium quas a nobis acceperant, canonici sancti Reguli clamarent suoque jure colligerent. Nos, pro parte illa quam fratribus nominatis garenddire nequivimus, duas partes vini trium arpennorum inter pontem de *Rount* et *Wastinvoisin* juxta ecclesiam jacentium quos Petrus de *Mortuofonte* et *Theodericus* de Baunbigui tenebant, in quibus etiam tertia portio decime vini. Supradictos canonicos que contigerant, communi assensu ecclesie nostre circummunivimus perpetuo possidendas nec latent. Quatenus si deinceps qui undiquam in plantatis vel plantandis vineis nostre dominationis pacifice fratribus a nobis concesse canonici sancti Reguli sancio probaverint. Imminente damno *Loci Restaurati*. Nos eisdem loco abibis de proprio nostro damnum suum annuimus restituendum. Ut hoc autem ratum et continuum habeatur, hanc cartulam sigilli nostri munimine roboremus. Anno verbi incarnati millesimo centesimo VII.

1207.

Archives de l'Oise.

Donation aux religieux du Lieu Restauré, par Berthe, abbesse de Morienval et tout son couvent, de la dîme de IX arpents de vigne, derrière Pondrout.

XXXV.

LETTRES DE VINT DENIERS DONNÉS A PLAILLI.

Page 83, an 1210.
N. 71.

Donation faite au couvent de Morienval par Richard de Vernon, de vingt deniers qu'il avait à Plailly.

Sciant ,omnes quod ego *Richardus de Vernon* [1] donavi deo et sancte *Marie de Morgnevale* viginti denarios quos ego habebam in Plaituris [1] de *Plaileyo* assensu et consilio *Luxie* uxoris mee, et quoniam hoc volo esse ratum et firmum, munimine sigilli mei confirmavi. Anno gratie millesimo ducentesimo decimo.

XXXVI.

LETTRES DOU CHATELAIN DE ROYE SEUR LA TAILLE DE PARVILLER.

Page 44, an 1210.
N. 31.

Guillaume de Mello, châtelain de Roye et seigneur de Parvillers, délivre tous ses hommes de' la taille moyennant une redevance annuelle de 20 liv.

In nomine sancte et individue trinitatis. *Willelmus de Mellou*, tam modernis quam posteris salutem imperpetuum. Quum humana natura fragilitati subjacet perutile duximus scripture testimonio confirmare que fallacia oblivionis vel alicujus corrosione emula possint diminui vel penitus dessolvi. Ego *Guillelmus Castellanus Royensis* et dominus de *Praviller* hominibus meis de *Praviler* exactionem sive mavis collectam quam singulis annis in villa predicta facere consuevi absolutam et liberam clamavi. Tamen sub hac pactionis diffinitione prefinita ut quotannis determinate ad festum sancti *Remigii* XX libras ad me et ad heredem meum quicumque sit debeant redire insupra noticie subjaceat omnium me recepisse XXV libras et *Ermentrudim* uxorem meam pro consensu LX solidos recipisse. *Reginaldus* et *Petrus* filii mei idem concesserunt ut ex omni parte supra nominata assignatio muniretur. Ego equidem jurejurando et fidei pignore, ut incommutabile et inconvulsum permaneat pactum, me ipsum obligavi et si aliquis inclinare vim pacti et seriem turbare presumpserit, se subjectum esse anathemati me sic jubente cognoscat. Addimus etiam quod ipsi homines de *Parviler* super colligenda collecta nullo forinseco apponente manum nisi pro exequenda justicia sollicitabuntur et ad precepta castellani quicumque sit collecta reddatur. Hec nomina testium litterarum apicibus annotamus. Fulco de Duniwus. Libertus de Rund, Andreas *prepositus de Parviler*, Galdrifus *presbiter ejusdem ville*, Petrus *judex*, Robertus *major*, Odo Baibol, Godcelinus de Frainoy Gamelun, Robertus Poer, Robertus Salenben, Godefridus, Hubertus Rufus, Robertus filius Gamelun, Willelmus filius prepositi, Anculfus filius, Odonis Baibol.

XXXVII.

LETTRES DOU SEIGNEUR DE HANGERT ET D'UN DON FAIT A FRANSART.

Page 85, an 1213.
N. 75.

Donation par Floent, seigneur de

Noverint universi tam presentes quam futuri quod ego *Florentius dominus de Hangest* dedi prout debui ecclesie beate *Marie de Morgneval* situm terre apud *Fransart* ad edificandum gran-

[1] ?(Eure).
[2] Plaidura (DU CANGE). Locus idoneus ad ædificandum.

giam ad totius ejusdem ville decimam collocandam et hoc feci de assensu et voluntate dilecte matris mee ad cujus dotalatium quicquid ibidem nostrum esse dicitur quamdiu vixerit scimus pertinere. De hiis vero que in illa grangia debemus annuatim recipere, scilicet rehautonnum et totius annone vacuum forragium eidem ecclesie predictum rehautonnum in elemosinam concedimus imperpetuum. Ceterum qualicunque anno predicta ecclesia viciam vel lenticulam integram ita videlicet ut non flagelletur retinere voluerit, illo anno quintam partem vicie vel lenticule pro forragio nostro per compositionem inter nos et ejusdem ecclesie ministros factam debemus possidere et postquam grangia evacuata fuerit, annuatim usque ad augustum custodire eam debemus et quod in custodia nostra lesum fuerit emandare et ut hoc firmum permaneat presentem cartam sigilli nostri munimine fecimus roborari. Actum anno incarnationis dominice millesimo ducentesimo tertio decimo mense Maio.

Hangest, d'une pièce de terre sise à Fransart, pour y bâtir une grange à l'effet d'y déposer la dime des religieuses de Morienval.

XXXVIII.

LETTRES D'UN ACCORT DE QUATRE MUIS DE BLÉ SEUR LE MOLIN.

Ego *Stephanus* archidiaconus, et ego *Petrus* cantor beati *Reguli*, et ego *Hugo de Chambeli* canonicus Silvanettensis, notum facimus presentibus et futuris quod cum causa inter ecclesiam beate *Marie de Morgneval* ex una parte et *Johannem Justiciarium de Nigella* ex altera, super possessione quatuor modiorum bladi ex delegatione domini Pape, appellatio esset inhibita, frustatorie appellavit. Nos vero hujus modi appellationi non defferentes, testes ecclesie super possessione predicti bladi, altera parte citata et contumaciter absente, recipimus attestationes, publicavimus. Tandem predictum *Johannem Justiciarium* ut sententiam auditurus coram nobis compareret citavimus. Quo contumaciter absente, habito bonorum virorum et juris peritorum consilio deffinitive sententiando possessionem predicti bladi ecclesie beate *Marie de Morgneval* adjudicavimus. In cujus rei firmitatem presens scriptum sigillorum nostrorum munimine fecimus roborari. Actum anno gratie millesimo ducentesimo decimo tertio mense junio.

Page 87, an 1213.

N. 78.

Sentence rendue par Étienne, archidiacre, Pierre, chantre de Saint-Rieul, et Hugues de Chambly, chanoine de Senlis, à l'occasion d'un différend entre le couvent de Morienval et Jean le Justicier de Nesle, sur la possession de quatre muids de blé. Ils sont adjugés à l'église de Morienval.

XXXIX.

LETTRES DOU PAPE QUE IL NE DOIT AVOIR EN CESTE ÉGLISE QUE SOISSANTE NONNAINS.

Honorius Episcopus servus servorum dei. Dilectis nostris in christo filiabus, abbatisse ac monialibus de *Mornenvalli* Suessonensi diocesi, salutem et apostolicam benedictionem. Justis petentium desideriis dignum nos est facilem prebere consensum et vota que a rationis tramite non discordant effectu prosequente complere. Cum igitur venerabiles fratres nostri archiepiscopus Remensis et Suessonensis episcopus sicut ex parte vestra fuit propositum, coram nobis, inspectis facultatibus monasterii vestri provida deliberatione statuerint ut sexagenarius numerus monialium in eodem monasterio de cetero habeatur, nec teneamini aliquam recipere ultra illum, nos vestris precibus inclinati quod ab eis supra hoc pro inde factum est auctoritate apostolica confirmamus et presentis scripti patrocinio communimus. Statuentes ut idem monasterium illo monialium numero sit contentum. Nisi forte ipsius monasterii in tantum excreverint facul-

Page 5, n° 3.

Bulle du pape Honorius qui fixe à soixante le nombre des religieuses qui doivent être dans le couvent de Morienval.

tates quod ex eis plures valeant sustentari. Salvo semper in omnibus apostolice sedis mandato. Nulli ergo omnino hominum liceat hanc paginam vestre confirmationis infringere vel ei ausu temerario contraire. Si quis autem hoc attemptare presumpserit, indignationem omnipotentis dei et beatorum Petri et Pauli apostolorum ejus se noverit incursurum. Datum Laterani II Kalendas octobris, pontificatus nostri anno primo.

XL.

LETTRES D'UN COURTIL SÉANT A PARVILLER.

Page 58, an 1219.
N. 45.

Guillaume de Mello, chevalier, concède à Pierre Patoul un pré à Parvillers qui dépendait pour un jour par an de la justice de la Châtellenie de Roye.

Ego *Willelmus de Melloto* miles notum facio universis tam presentibus quam futuris quod eg dedi et concessi *Petro Patoul* quoddam pratum situm apud *Parviller* juxta domum sanctimonialium jure hereditario possidendum et tenendum de me de curia et pledio tantum semel in anno infra *Castellaniam de Roye*, et ut hoc ratum et stabile permaneat pactionem istam sigilli nostri testimonio confirmamus. Actum anno incarnationis domini millesimo ducentesimo XIX° mense novembris.

XLI.

LETTRES DOU ROY DOU BREUIL QUI FU ACCENSÉ A CESTE ÉGLISE TRENTE SOLS PARISIS CHASCUN AN.

Page 85, an 1220.
N. 74.

Lettres du roi Philippe-Auguste donnant à cens de 30 s. annuellement à l'abbaye de Morienval, un pré situé sous le monastère, pour la commodité des religieuses.

Philipus dei gratia *Francorum Rex*. Noverint universi presentes pariter et futuri quoddam pratum quod habebamus apud *Morgnevallem* situm subter abbatiam quod *Brolium* vocatur, accensivimus imperpetuum dilecte et fideli nostre abbatisse de *Morgnevalle* ad faciendas aesentias abbatie sue pro triginta solidis pariensibus reddendis nobis singulis annis in festo sancti *Remigii*, salva nobis eodem prato justicia nostra. Quod ut perpetuam obtineat firmitatem presentes litteras fecimus scribi et sigilli nostri auctoritate muniri. Actum apud Compendium, anno incarnati verbi millesimo ducentesimo vigesimo mense decembri.

XLII.

LETTRES DOU DON DES DISMES DE ROISSI.

Page 74, an 1220.
N. 60.

Donation par Thibaut Rosel et Berthe, sa femme, à l'église de Morienval, de la moitié des dîmes de Roissy, avec l'assentiment de Jean-lez-

Ego *Johannes Li bogres Miles, Ermengardes* uxor ejus et *Nevelo* eorumdem filius primogenitus. Notum facimus universis presentes litteras inspecturis quod *Theobaldus Rosel de Morgneval* et *Berta* uxor ejus et eorumdem filii, videlicet *Theobaldus Rosel* primo genitus et dominus *Hugo Presbiter* et alii *Liberi* [1] dederunt et concesserunt in puram et perpetuam elemosinam beate *Marie de Morgneval* et sanctimonialibus ibidem deo servientibus totius decime medietatem quam dictus *Theobaldus* et *Ricardus* quondam frater suus habebant apud *Roissi* [2] quam a nobis in feo-

[1] Liberi, Rustici, manentes non Nobiles.
[2] Russy-Montigny, canton de Crépy (Oise).

dum possidebant. Nos vero eandem donationem gratam habentes et ratam, dictam decimam nominate ecclesie de *Morgneval* imperpetuam pro anniversario nostro concedimus elemosinam et quicquid juris habebamus in eadem ipsi ecclesie quittavimus imperpetuum absolute. Quod ut ratum permaneat, ego predictus Johannes *li Bogre* consientientibus et laudantibus dictis *Ermengarde* uxore mea et Nivelone filio meo præsentes litteras sigillo meo sigillavi. Actum anno domini millesimo ducentesimo vigesimo, mense octobris.

Roye et d'Ermengarde, son épouse.

XLIII.

LETTRES DE TERRES VENDUES ET DONNÉES A CESTE ÉGLISE QUI APPARTIENNENT A L'ESSART.

Jacobus dei gratia Suessionensis ecclesie minister humilis universis presentibus pariter et futuris salutem. Noverint universi quod *Symon Vasletus de Petrafonte* et *Agnes* uxor sua in presentia nostra recognoverunt quod vendiderunt abbatisse beate *Marie Morgnevallis* duodecim essinos terre arabilis de fundo *Morgnevallis* ecclesie et quod *Ada Lavinete de Petrafonte* dederat in elemosinam ecclesie *Morgnevallis* quindecim essinos de terra arabili in eodem campo ex assensu eorum. Hanc venditionem et hanc elemosinam coram nobis creantaverunt et fide interposita tam dictus *Symon* quam *Agnes* uxor sua in manu nostro dederunt quod ipse nec uxor ejus *Agnes* pro dote, cum sibi ad voluntatem suam digna facta fuerit pro dote recompensatio nec aliquis ex parte eorum pro aliqua causa in eadem terra nec in eadem elemosina de cetero reclamabunt nec reclamare poterunt. Quod ut ratum permaneat et firmum, ad petitionem utriusque partis presenti scripto sigillum nostrum in hujus rei testimonium dignum duximus apponendum. Actum anno gratie millesimo ducentesimo vigesimo secundo mense aprili.

Page 75, an 1222.
N. 62.
Simon Valet de Pierrefonds, et Agnès son épouse, vendent à l'église de Morienval 12 essins de terre, et approuvent un don de 15 essins fait par Ade Lavinete, de Pierrefonds.

XLIV.

LETTRES DE L'ACHAT DE CABARET ET DES TERRES QUI Y APPENDENT.

Jacobus dei gratia Suessionensis ecclesie minister humilis universis presentes litteras inspecturis salutem. Noverint universi quod *Odo Vasletus* miles *de Petrafonte* et *Eremburgis* uxor sua coram nobis recognoverunt quod vendiderant abbatisse *Morgnevallis* totum mensum de *Cabaret*[1] et quatuordecim essinos terre arabilis. Hanc venditionem coram nobis recognoverunt et fidem dederunt corporalem dictus *Odo* et *Eremburgis* prefata ejus uxor quod ipse nec aliquis alius ex parte sua nec *Eremburgis* uxor dicta pro dote cum sibi ad voluntatem suam digna facta fuerit recompensatio nec pro aliqua alia causa in eadem domo, nec in eadem terra aliquid de cetero reclamabunt nec reclamare poterunt. Quod ut ratum permaneat et firmum ad petitionem utriusque partis presenti scripti sigillum nostrum dignum duximus apponendum. Actum anno domini millesimo ducentesimo vigesimo secundo, mense aprili.

Page 47, an 1222
N. 34.
Vaslet de Pierrefonds, chevalier, et Eremburge, son épouse, donnent à l'église de Morienval une mense de 14 essins, sis au *Cabaret*.

[1] Lieu dit, section de la Vache-à-l'Aise, commune de Morienval.

XLV.

LETTRES DE TERRES ACHATÉES ET APPARTENANT A L'ESSART.

Page 60, an 1223.
N. 49.
Vente par Simon Vaslet et Agnès, sa femme, de 40 essins de terre aux Essarts de Rest pour 6 l.

Ego *Robertus Mallequere* tunc Petrefontis propositus omnibus presens scriptum inspecturis salutem. Noveritis quod *Symon Valetus* et *Agnes* uxor ejus recognoverunt coram nobis se vendidisse abbatisse et capitulo beate *Marie de Morgnevalle* quadraginta essinos terre arabilis site in essartis de *Rest* libere ab omni exactione pro sex libris parisiensibus sibi quittis, quam terram dicti *Simon* et uxor ejus tenebant ab abbatissa et capitulo dicte ecclesie. Predictus *Symon* et uxor ejus dictam terram quittaverunt et fidem in manu *Gaufridi* decani *Christianitatis de Petrafonte* dederunt quod nihil de cetero molestarent. Dicta vero Agnes uxor dicti *Symonis* omnem dotem quam habebat in terra illa non coacta sed spontanea coram dicto Gaufrido decano quittavit, voluntate. Si vero contigerit heredes dictorum *Symonis* et uxoris ejus contra dictam venditionem venire, predicti *Symon* et uxor ejus quadraginta alios essinos terre arabilis que tenent a dicta ecclesia equipollentes sepe dicte terre predicte ecclesie assignabunt. Hujus autem venditionis firmiter tenere et contra omnes qui juri parare voluerunt, garandizande, plegii sunt Johannes de Cuisia, Odo de Petrafonte, Robertus de Berongniis, Petrus de Palane, Milites et Guido de Berongnii, et Radulphus de Braina, pater dicte Agnetis et debitor supra dicte venditionis. Hujus rei testes ; Petrus Clericus de Petrafonte, Robertus capellanus Regis, Richardus capellanus, leprosarie ; Helvinus de Betencourt major dicte ecclesie ; Adam Archarius, *major domini regis de Morgnevalle*, Petrus Malignus, Thomas et Theobaldus, *fratres ejusdem ecclesie*, et Gaufridus *Decanus Christianitatis de Petrafonte* in cujus rei testimonium presentes litteras sigilli nostri munimine fecimus confirmari. Actum anno domini millesimo ducentesimo vigesimo tertio mense februario.

XLVI.

LETTRES D'UN ACCORT ENTRE L'ÉGLISE DE CÉENS ET MESSIRE GUIDOU PELLIER POUR LES TERRES DE L'ESSART.

Page 62, an 1223.
N. 51.
Accord entre Gui du Plessier, chevalier, et l'église de Morienval, au sujet des Essarts, entre ce lieu et Pierrefonds.

Ego *Guido de Pleseyo* miles. Notum facio presentibus pariter et futuris quod cum contentio verteretur inter me ex una parte et abbatissam et conventum beate *Marie Morgnevallis* ex alia super *Essartis* qui sunt inter Petram fontem et *Morgneval* et jure et domanio eorumdem *Essartorum*. Coram viro venerabili magistro G. Canonico et officiali Suessionensi et per modum in viros venerabiles, Nicolaum priorem sancti *Lupi de Esserento* [1] et *Hugonem* Superpositum Suessionem fuisset compromissum. Tandem de bonorum virorum consilio inter me et dictam abbatissam et conventum *Morgnevallis* pax interesset amicabilis in hunc modum. Sciendum est igitur quod ego de consilio et voluntate *Elizabeth* uxoris mee et *Johannis* filii mei quicquid juris redditus et dominii in terris dictorum *Essartorum* habebam et in omnibus aliis rebus que tenebam de feodo domini *Philipi de Nantolio* omnino dictis abbatisse et conventui *Morgnevallis* per me vel per ali-

---

[1] Esserent, à Saint-Leu (Oise).

quam aliam personam de cetero nullatenus molestabo. Dicta vero abbatissa et conventus *Morgnevallis* pro dicta quittatione michi et heredibus meis imperpetuum quatuor modios bladi ad mensuram *Morgnevallis* duas partes *hymbernagii* et tertiam avenie in octavis Omnium Sanctorum in earumdem grangia de *Essartis* annuatim capiendos et de eisdem quatuor modiis ante dictam amicabilem pacem unum modium bladi et dimidium avene capiebant. Dederunt insupra mihi ad prescens dicta abbatissa et conventus viginti libras parisienses. Si vero contigerit nemora que sunt de dicto feodo vel partem ipsorum ad terram redigi arabilem, ego et heredes mei medietatem habebimus campipartis et ecclesia Morgnevallis aliam medietatem. Verum si ego infra tres annos proximo futuros in terris quas tenent dominus *Odo de Petrafonte* et *Symon* frater ejus que sunt de dicto feodo campipartem vel aliquod aliud jus acquirere potero et ipsa abbatissa et conventus infra illos tres annos emptione legato vel aliquo alio modo in terris ipsis aliquid acquisierint, quantum juris in ipsorum *Odonis* et *Symonis* terris acquisiero tantum juris secundum quod dicta abbatissa acquiret infra terminum nominatum in terris acquisitis, ego et heredes mei habebunt et si infra dictum terminum in terris predictis nichil acquisiero ex tunc licitum erit dicte abbatisse et conventui acquirere in terris nominatis quocumque modo potuerint et voluerint, absque mea et heredum meorum perturbatione. Si autem Dominus Rex eidem sanctimonialibus usagium in nemore quod *Forestella*[1] appellatur quod nemus esse dicitur de feodo nominato aliquod concesserit, ego et heredes mei nichil penitus in usagio assequemur. *Elizabeth* vero uxor mea quicquid dotis sive donationis propter nuptias in rebus predictis habebat cum totidem juris in dicto reddito bladi eidem concesserim ecclesie *Morgnevallis* spontanea quittavit voluntate. Hujus autem pacis imposterum firmiter tenende cui sigillum meum apposui dedi dicte ecclesie *Morgnevalli* pro parte mea fidejussores Robertum de Berones, Robertum de Yvorio, Ingeranum de Sery et Petrum de Wisery *milites*.

Actum anno domini millesimo ducentesimo vigesimo tertio mense augusto.

XLVII.

DE VADIIS MORGNEVALLIS.

Magister Radulphus officialis curie Silvanectensis, universis presentes litteras inspecturis salutem in Domino. Noveritis quod *Simon* le *Gruiers* de *Bethisi*, coram nobis constitutus pignori obligavit bladum in decima sua de Morgneval ad mensuram ejusdem ville in villa de Morgneval annuatim percipiendas pro vigenti septem libris Parisiensibus de Martio in Martium redimendos. Hanc autem invadictionem voluit, laudavit et concessit Stephanus de *Belloramo*, et Dominus *Johannes* de *Plesseio* et Dominus *Petrus* de *Asperomonte*, milites, et si aliquis plegiorum decedere contigerit infra quindenam post decessum plegii, ad petitionem jam dicte Ecclesie, alius loco ipsius substituetur. Preterea predictus Symon fide prestita firmiter promisit firmam portare garandiam. Hujus invadictionis sunt plegii Stephanus de Belloramo et Dominus Joannes de Plesseio et Dominus Petrus de Asperomonte milites et si aliquis plegiorum decedere contigerit infra

An 1234.

Afforty, t. 2, p. 981.

Garanties fournies au monastère de Morienval.

---

[1] L'acception la plus ordinaire est celle de *Petite-Forêt*, qui est aussi fréquemment désignée sous le nom de Garenne, surtout quand une partie du bois était destinée à y conserver le gibier.

quindenam post decessum plegii ad petitionem jam dicte ecclesie, alius loco ipsius substituetur. Pretera predictus Symon fide prestita firmiter promisit quod nihil percipiet in predicta decima donec predicti duo modii bladi integre persolventur. Et si in dicta decima non esset tantum bladi, quod predicti modii bladi non possent solvi ad plenum, de eo defectus illorum modiorum bladi suppleretur de avena ejusdem decime ad valorem bladi. In cujus rei memoria presentes litteras ad petitionem predicti Symonis sigillo curie Silvanectensis fecimus roborari. Actum anno Domini MCCXXXIV feria sexta ante festum sancti Gregorii.

XLVIII.

LETTRES QUE LA MAISON HAYMART LE PELLETIER ET LUCE DELACOURT SÈANS A CRESPY SONT DE LA CESSION DE L'ÉGLISE DE CÉENS.

Page 55, an 1235.
N. 40.

Le doyen et le chapitre de St-Thomas de Crépy déclarent que les 22 s. parisis qu'ils percevaient sur deux maisons sises à Crépy appartiennent à l'église de Morienval.

Decanus et capitulum beati *Thome de Crespeyo*, universis presentes litteras inspecturis in Domino salutem. Noverint universi quod cum nos ex sufferencia abbatisse et conventus de *Monianalium* valle teneamus et possideamus viginti et duos solidos parisienses de supercensu supra domum *Haymardi Pellipari* et super domum *Luce de Curia* sitas juxta *Cousturan de Crespeyo* [1] que sunt de censiva dictarum abbatisse et conventus nos eidem promisimus predictos viginti et duos solidos parisienses extra manum ecclesie nostre ponere bona fide post submonitionem earumdem, ita quod in manu nostra non transferemus eosdem. In cujus rei memoriam presentes litteras fieri fecimus sigilli nostri impressione roboratas. Actum anno domini millesimo ducentesimo trigesimo quinto mense aprili.

XLIX.

LETTRES DOU ROY DE L'USAGE EN LA FOREST DE REST.

Page 58, an 1235.
N. 44.

Lettres de saint Louis, roi de France, aux sergents de la forêt de Rest pour la permission donnée aux religieuses de Morienval d'envoyer leurs bestiaux à la pâture dans la dite forêt.

Ludovicus dei gratia *Francorum Rex*. Custodibus *foreste Resti* salutem. Nobis conquerendo monstravit dilecta in Christo abbatissa *Morgnevallis* quod vos ipsius animalia ire non permittitis in pasturagia et domania sua ad que ut dicit ire consueverunt a temporibus clare memorie *Philipi* avi nostri et *Ludovici* genitoris quondam Regum Francie et nostra tempore usque modo unde vobis mandamus quatinus ejusdem abbatisse animalia mitti permittatis ad illa pasturagia et domania sua eo modo quo tempore dictorum predecessorum nostrorum et nostro tempore hactenus ire ad eadem consueverunt quo usque mandatum aliud audieritis a nobis. Actum apud *Parchum* anno domini millesimo ducentesimo trigesimo quinto, mense julio.

[1] Cousturam ? La Couture, lieu dit de Crépy, nommé l'Ortille.

L.

LETTRES DE LA CHAPELLERIE DE SAINT-SAUVEUR EN L'ÉGLISE DE CÉENS.

Ego Petrus de Parviler miles dictus prepositus, omnibus tam Presentibus quam futuris notum facio quod ego et *Maria* uxor mea de communi assensu ad remedium animarum nostrarum et antecessorum instituimus quamdam capellaniam in ecclesia beate *Marie de Morgneval* Suessionensis diocesis ad altare *sancti Salvatoris* deserviendam in eadem ecclesia. Ad cujus capellanie institutionem contulimus in elemosinam perpetuam sex bonaria terre arabilis site apud *Parviler*, scilicet duo bonaria in ultimo campo nostro de *Daumeri* retro jardinum nostrum. Alia duo bonaria in via que dicitur de *Parviler* ad *Roboretum* et alia duo bonario in *Essartis nostris*. De quibus duobus bonariis in *Essartis* nostris, unum bonarium provenit de acquestu nostro et de duobus bonariis sitis in via de *Dameri*. Unum jornale provenit de acquestu nostro. Contulimus etam ad institutionem dicte *Capellanie* dimidium arpentum vinee parum plus vel parum minus site apud *Garbigny*. Que vinea similiter provenit de acquestu et de dictis sex bonariis terre quamdiu ego *Petrus* vixero quatuor libras possidebo et capellanus qui dicte capellanie deserviet duo bonaria tantummodo habebit et post decessum meum idem capellanus predicta sex bonaria et vineam integraliter possidebit, et tam ego quam uxor mea volumus et concessimus *Hugani* nunc presbytero, de *Parviler* dictam capellaniam, hac prima vice, ratione fundationis sive institutionis et post decessum dicti *Hugonis* donatio ejusdem capellanie ad dominam abbatissam de *Morgneval*, tanquam ad patronum devolvetur. In cujus rei testimonium et perpetuam firmitatem presentes litteras ego *Petrus* miles sigillo meo roboravi. Actum anno millesimo ducentesimo quadragesimo, mense septembri.

Page 72, an 1240.
N. 61.
Translation de la chapellerie de Saint-Sauveur dans l'église de Morienval, faite par Pierre de Parville et Marie, son épouse ; ils la dotent de six bassiers de terre et demi arpent de vigne.

LI.

LETTRES D'UN ACCORT ENTRE L'ÉGLISE DE CÉENS ET MESSIRE JEAN ELIN POUR LA MAIRIE DE BETTENCOURT ET POUR LA MAISON DE LA VOUTE.

Officialis Suessionensis omnibus presentes litteras inspecturis in domino salutem. Noverint universi quod eum inter religiosas dominas abbatissam et conventum *Morgnevallis* ex una parte et *Johannem* canonicum ejusdem ecclesie quondam filium *Elini de Betencourt* ex altera, controversia moveretur supra majoria de *Bétencourt* et sex viginti libris parisiensibus ex una parte et quadraginta libris parisiensibus, ex altera parte et quadam masura *Hugonis Ment* et menagio sito apud *Morgneval* que vocatur *Vouta* [1]. *Elini de Betencourt* que omnia petebat dictus *Johannes* jure hereditario a predictis abbatissa et conventu. Tandem dictis abbatissa et conventus et dicto *Johanne* coram probis existentibus, dictus *Johannes* in publico quicquid juris habebat et habere

Page 69, an 1245.
N. 67.
Accord entre l'église de Morienval et Jean, abbé de Longpont, au sujet des dîmes de Fransart et autres lieux.

[1] Ce mot se trouve dans le glossaire de Du Cange indiqué comme répondant, soit à *Volta* fournil, four, objet presque constant de redevance féodale pour les usagers. L'usage du four banal était obligatoire.— Volta peut aussi s'entendre d'une salle voûtée (Concameratio) reste peut-être de constructions anciennes, d'une chapelle, etc. Ce nom a été attribué également aux *voltæ lapideæ* (prisons) aux caves et celliers.

poterat si aliquid habebat et habere poterat in omnibus predictis preterquam in dicto managio quod vocatur *Vouta*, fide prestita corporali imperpetuum quittavit absolute et conventui. Predicta vero abbatissa et conventus intuitu pietatis et nomine elemosine ad instanciam bonorum virorum voluerunt et concesserunt de communi suo assensu quod dictus *Johannes de Bonis* [1] ecclesie sue percipiet annuatim quamdiu vixerit unum modium bladi ad mensuram *de Morgneval* in grangia sua supter capellam sancti *Annoberti* [2] et tres modios vini albi in vinea que dicitur les *Boffins* et si vinum dicte vinee ad solutionem trium modiorum vini non sufficeret, equivalenti vino persolvere tenerentur. Preterea cum dicte abbatissa et conventus in dicto managio medietatem de jure suo haberent dictam medietatem dictus presbiter cum portione ipsum contingente scilicet quarta parte quam diu vixerit possidebit. Tenetur autem dictus *Johannes* portionem contingentem nepotes suos in dicto managio, scilicet quartam ad se trahere itaque post decessum ipsius *Johannis* totum managium quod vocatur *Vouta* ad ecclesiam de *Morgneval* integre devolvatur, et si forsitan dictam portionem nepotum suorum ad se attrahere non posset, ipse *Johannes* estimationem bonorum virorum scilicet *Roberti* presbiteri sancti *Dyonisii de Morgneval* Petri dicti *File laine* presbiteri et *Michaëlis* presbiteri et *Michaëlis* presbiteri sancti *Dionisii de Crispeyo* tenetur dictis abbatisse et conventui facere assignamentum in pecunia computabili vel hereditagio movente de domanio ecclesie *Morgnevallis* equivalente portionem nepotum supra dictam, quod assignamentum loco dicte portionis post decessum dicti *Johannis* cum dicto managio excepta quarta parte debent dicti abbatissa et conventus imperpetuum possidere. Quod assignamentum debet fieri infra proximam dominicam post festum beati *Martini Hyemalis* et ut hec rata permaneant et firma, presentes litteras ad petitionem partium sigillo curie Suessionensis fecimus roborari. Actum anno domini millesimo ducentesimo quadragesimo quinto, mense novembri.

LII.

LETTRES D'UN ÉCHANGE FAIT A ROBERT LE MAJEUR POUR UNE MAISON SÉANT A FONCHES.

Page 77, an 1246

N° 64

Échange de plusieurs objets entre le couvent de Morienval et Robert, maire de Fonches.

Omnibus hec visuris. Officialis curie Novionenses salutem in domino. Vobis notum facimus quod in nostra presentia propter hoc constitutus, *Robertus major* de *Fonches* recognovit se recepisse in excambium ab ecclesia de *Morgnevalle*, pro domo sua de *Fonches* que contigua est domui ejusdem ecclesie et pro majoria sua de *Fonches* quam majoriam et domum tenebat in feodum de dicta ecclesia et appenditiis seu pertinentiis ejusdem majorie que inter villam de *Fonches* et extra tenebat tredecim jornalia et dimidium terre arabilis ipsius ecclesie site in territorio de *Parviler* in locis inferius annotatis, videlicet tria jornalia cum viginti quinque virgis parum plus vel parum minus in loco qui dicitur au *Marchais* unum bonarium retro boscum terre que fuit quondam Suplicii et totum residuum in *Essartis* ab ipso *Roberto* et ejus heredibus imperpetuum possidenda et habenda. Ita videlicet quod dictam terram tenebit idem *Robertus* et heres sum ad curiam et placito bis in anno ad submonitionem dicte ecclesie. Itaque si defecerunt pro quolibet defectu duos solidos et octo denarios parisinos eidem ecclesie pro emenda redderere teneretur. Preterea

---

[1] Lieu dit Buy, à Morienval.
[2] Chapelle de Saint-Annobert, près Morienval.

idem *Robertus* recognovit se vendidisse dicte ecclesie bene et legitime pro quatuor libris parisiensibus sibi ab eadem Ecclesia jam solutis in pecunia numerata unum curtilium situm apud *Fonches* inter mariscum et domos supra dictas, ab ipsa Ecclesia imperpetuum quitte, libere, pacifice et integre possidendum et habendum. Huic autem venditioni et excambio supra dictis *Marguareta* uxor dicti *Roberti* presens fuit, et hec omnia voluit, laudavit et approbavit et in eadem expresse consensit, coram nobis recognoscens se sufficiens excambium recepisse a dicto *Roberto* marito suo pro dotalitio quod in predictis majoria cum appenditiis et pertinentiis ejusdem et curtilio habere dicebatur, videlicet septem jornalia terre supra dicte et per illud excambium dicta *Marguareta* omne jus quod in predictis majoria, appenditiis seu pertinentiis et curtilio habebat seu habere poterat ratione dotalicii seu quocumque alio modo, spontanea voluntate, non coacta, in manu nostra resignavit et eidem Ecclesie imperpetuum quittavit penitus et gerpivit et fidem in manu nostra prestiverunt corporalem prefati *Robertus* et *Marguareta* quod ipsam Ecclesiam super prediçtis majoria, appenditiis seu pertinentiis et curtilio de cetero molestabunt nullatenus seu gravabunt, nec artem nec ingenium per se vel per alium querent per que dicta Ecclesia possit aut debeat super predictis majoria appenditiis et pertinentiis ejusdem et curtilio seu aliqua parte eorum imposterum molestari vel gravari seu in causam trahi coram aliquo judice ecclesiastico vel seculari. Immo eidem legitimam ferent garandiam ad usus et consuetudines patrie adversus omnes juri et legi parere nolentes. In cujus rei testimonium presentes litteras ad instanciam dictorum *Roberti* et *Marguarete* ejus uxoris sigillo curie Noviomensis fecimus roborari. Datum anno millesimo ducentesimo quadragesimo sexto, mense julio.

LIII.

LETTRES DE L'ACHAT DES TERRES QUI APPENDENT A L'ESSART.

Universis presentes litteras inspecturis magister *Th. de Monte* canonicus et officialis Suessionensis salutem in domino. Noverint universi quod Dominus *Odo de Petrafonte* miles et Domina *Anastasia* ejus uxor, coram nobis propter hoc personaliter constituti, recognoverunt se vendidisse pari assensu et pro sua utilitate communi Ecclesie Monialium beate *Marie de Morgneval* quamdam peciam terre arabilis sitam versus grangiam ejusdem Ecclesie de *Essartis* et in territorio ipsius ut dicebant contiguam fere domui cuidam ipsius Ecclesie que vocatur *Cabaret*, ex parte una et *Haye de Essartis*, ex altera, juxta terras Ecclesie predicte, continentem unum modium terre seminalis ad mensuram *Petrefontis* secundum ebornationem factam supra hoc inter ipsum militem et Ecclesiam memoratam, et sic eamdem peciam terre vendiderunt eidem Ecclesie venditione legitima tenendam ab ea et possidendam in perpetuum pacifico et quiete, pretio centum et quatuor librarum parisiensium, de quibus iidem *Odo* et *Anastasia* ejus uxor recognoverunt coram nobis sibi esse ab eadem Ecclesia plenarie satisfactum, promittentes fide prestita corporali ab eisdem in manu *Roberti* clerici fidelis curie nostre notarii, quod contra hanc venditionem per se vel per alium non venient in futurum nec ipsam Ecclesiam supra ipsa terra per se vel per alium in posterum molestabunt nec facient molestari. Immo promisit idem *Odo* quod ipsi Ecclesie

Page 40, an 1247.

N. 36.

Eudes de Pierrefonds, et dame Anastasie, sa femme, donnent à l'église de Morienval une pièce de terre au lieu dit *Caburet* sur laquelle on peut semer un muid de blé, moyennant 104 liv. parisis.

supra dicta terra legitimam garandiam portabunt adversus omnes juri et placito parere nolentes. Memorata autem *Anastasia* expresse quittavit ipsi Ecclesie imperpetuum quicquid juris habebat et habere poterat et debebat in ipsa terra ratione dotis sive donationis propter nuptias vel quocumque modo alio quocumque nomine censeatur et in manu nostra resignavit spontanea voluntate non coacta sub predicte fidei religionis promittens se nichil reclamaturam in posterum in eadem. *Johannes* vero primogenitus *Oudardus*, et *Bartholomeus* fratres liberi et heredes ipsius *Odonis*, coram nobis propter hoc constituti, dictam venditionem voluerunt, laudaverunt et approbaverunt liberaliter et benigne, et quicquid juris habebant et habere poterant et debebant in dicta terra jure hereditario vel alio quocumque modo eidem Ecclesie spontanei imperpetuum quittaverunt, fidem interponentes corporalem quod nichil de cetero in ipsa terra per se vel per alium reclamabunt. In cujus rei testimonium et munimen presentem cartam sigillo curie Suessionensis ad petitionem dictarum partium fecimus roborari. Actum presentibus et in testimonium evocatis *Roberto* notario nostro predicto, *Gervasio* canonico *Morgnevallis*, *Johanne de Corbeya* clerico abbatisse predicte Ecclesie, et aliis. Anno domini millesimo ducentesimo quadragesimo septimo mense aprilis.

LIV.

LETTRES DE TERRES ACHATÉES SÉANS DE LEZ CABARET.

Page 55, an 1248.

N. 11.

Vente par Eudes de Pierrefonds, de deux essins de terre sis à Cabaret, à l'église de Morienval, pour le prix de 10 l.

Omnibus presentes litteras inspecturis, magister *Guido de Remis* officialis Suessionensis, salutem in domino. Noverint universi quod coram magistro *Johanne de Torota* clerico loco nostri ad hec deputato constitutus dominus *Odo de Petrafonte* miles vendidit et se vendidisse recognovit religiosis mulieribus abbatisse et conventui *Morgnevallis* tres aissinos terre arabilis site in una pecia in territorio de *Cabaret* tenentes terris dictorum abbatisse et conventus, pretio decem librarum parisiensium de quibus recognovit sibi ab eis fuisse satisfactum in pecunia numerata. Hanc autem venditionem domina *Anastasia* uxor dicti militis coram predicto magistro propter hoc constituto voluit, laudavit et etiam approbavit, quittans dictis abbatisse et conventui spontanea non coacta, quicquid in dicta terra habebat vel habere poterat ratione dotis seu aliqua alia ratione, et promiserunt tam dictus miles quam uxor sua predicta super hoc fide in manu dicti magistri *Johannis* prestita corporali, quod contra venditionem predictam de cetero non venient nec supra dicta terra et venditione ejusdem dictam abbatissam et conventum molestabunt nec facient ab aliquibus molestari. Immo eisdem supra hiis legitimam portabunt garandiam erga omnes legi et juri parere nolentes, renuntiantes propter hoc tam dictus miles quam ejus uxor predicta omni auxilio juris et beneficio canonici et civilis et maxime auxilio Velleyani senatus consultus et omnibus aliis rebus que possent eisdem militi et ejus uxori ad hoc prodesse et predictis abbatisse et conventui obesse. In cujus rei testimonium presentes sigillo curie Suessionensis fecimus sigillari. Datum anno domini millesimo ducentesimo quadragesimo octavo, mense januario.

LV.

DE QUADAM CONTROVERSIA DE MORGNEVALLE.

Universis presentes litteras inspecturis Dominus Gervasius de Suessione capellanus perpetuus Ecclesie de Morgnevalle, et Magister Nicholaus canonicus et officialis Silvanectensis, salutem in Domino. Noverit universitas vestra quod orta contentione inter religiosas mulieres abbatissam et conventum de Mornevalle ex una parte, et domum et capitulum S. Reguli Silvanectensis ex altera, super tertia parte decime vini de vineis que movent de censiva Bernardi de Cruce ubicumque sint et super tertia parte vini quarumdam vinearum, consistentium apud Morgneval et villas adjacentes et super campiparte duorum arpennorum terre site in monte de Bethencourt quam tenet ad presens Gila relicta Helini de Bethencourt. Tandem dictis partibus in nos compromittentibus et promittentibus sub pena viginti librarum Parisiacum se servare firmiter et tenere quicquid super hoc sive decisione querele decreverimus. Nos, cause momento, plenius intellectis, die ad proferendum arbitrium partibus assignato, partibus per procuratores comparantibus, dictum nostrum protulimus in hunc modum. Super campiparte et decima duorum arpennorum terre in monte de Bethencourt quam tenet Gila relicta Helini et super tertia parte decime vini sex arpennorum vinearum apud Frenoy juxta Granchiam Abbatisse, decano et capitulo sancti Reguli nomine dicte Ecclesie silentium imponimus, Abbatissam et Conventum ab eorum impetitione, quantum ad hoc contentialiter absolventes. Super tertia vero parte decime vini de vineis que movent de censiva Bernardi de Cruce, ubicumque sint, et de vineis Watiervoisin, apud Loncmesnil, apud Helyncourt et apud Fresnoy, exceptis duntaxat sex arpennis predictis, sita, duximus ordinandum locis predictis pacifice percipiat et habeat et inde suam plene faciat voluntatem. Abbatisse, et conventui silentium imponimus, decanum et capitulum nomine ecclesie sancti Reguli ab impetitione earum quantum ad hoc sententialiter absolventes.

Hec autem omnia et singula sub pena in compromisso apposita a dictis partibus precipimus observari, et ne super hoc in posterum dubitetur, presentibus litteris sigilla nostra duximus apponenda. Nos vero, dicte abbatisse et conventui de Morgneval ordinationem istam acceptantes et ratam habentes presentes litteras sigillis nostris duximus sigillari.

Actum anno Domini MCCXLVIII mense martio.

An 1248.
Afforty, t. II, p. 979
Nicholaus officialis Silvan.

LVI.

LETTRES D'UN ACCORT ENTRE L'ÉGLISE DE CÉENS ET LE SEIGNEUR DE CHAULE POUR FONCHES.

A tous ceux qui ces lettres verront. Je *Nevelons* sire de *Chaule* et je *Renaus* ses fils, chevaliers, salut en notre Seigneur. Sachent tout cil qui est escript verront que comme descors fust entre l'abesse et le couvent de *Morgneval* d'une part et nous d'autre, de plusieurs choses qui sont à Fonches et ou terroüir de Fonches, des assénements que nous fesions ez tenances l'église de *Morgneval* après des terres de *Fonches* que nous fesions racensir quant eles eschoient de hoir en hoir

Page 63, An 1248.
N. 52.
Accord entre l'église de Morienval et Nivelon, sire de

Chaulnes, et son fils Renaut, au sujet de pièces de terre sises à Fonches.

et d'autres choses qui au terrouir appartenoient à la vile devant dite ; au derain, par conseil de bonnes gens, pais et concorde en est faite en telle manière que nous aurons toutes les choses que l'abesse et li couvent devant nommez avoient à *Fonches* fors leurs terres gaaignables et leur manoir et le manoir qui fu *Robert le Maieur* et les appendances des deux manoirs et les deux courtilz qui furent *Robert le Maieur*. Ce est assavoir dez le cortil *Jehan de Legave* jusques au courtil *Bernard Massé* et dou courtil *Bernard Massé* jusques à la bonne qui siet entre le courtil *Bernard Massé* et le courtil qui fu *Robert le Maieur* et de cele bonne jusques au courtil *Ninart*, sauf ce que les ne pusent point donner de cele terre pour hostez manoir et sauves les dixmes de *Fonches* qui demeurent à l'abbéesse et au couvent devant nommés ou que eles soyent et nous, pour ces choses devant dites qui nous demeurent héritablement leur avons donné à touz jours perpétuellement dix buniers de terre et jornel et demi et cinq vergées au jornel et à la verge de Fonches seans en tel lieu ; c'est assavoir au *Marleiz* huit journex et demi et douze verges, au Vaucel vers Veleroile, un jornel et 38 verges ; el *Vaucel* de Velleroile. Deux journex et 8 verges ou champ à la voie de *Hatencourt*, cinq jornex et demie et six verges et demie ou champ de *Hatencort*, deux jornex ou petit champ *Richaut*, quatre jornex et demie et trente cinq vergez ou champ *Richaut*, 14 jornex et 13 verges ou champ à la crois, 38 verges et demie tenant au champ de la *Vendière le Prestre*, deux jornex et 49 verges et poons faire four en la vile de *Fonches* devant dite pour nous ceux de la ville et de l'abéesse et li couvent devant nommez pueent ausinc faire four en leurs manoirs pour elez et pour ceux de leurs manoirs et pour leurs mannez tant seulement et est assavoir que elez ont toute justice ez terres que eles avoient devant le jour de ceste pais a *Fonches* et ou terrouir et ez dix bunierez et journel et demy et cinq verges de terre devant dite et ez neuf journex que li couvent devant nommez achata a *Renier* le Clerc sauf ce que la justice de murtre et de rapt et de larron ez lieus devant nommez nous demeurent, et l'abéesse et li couvent devant nommez ont toute justice es manoir qui devant sont nommez. Sauf ce que se aucuns manufaiteires qui eust deservi mort venoit en ces manoirs cil qui seroit manens es manoirs de par l'abéesse et de par le couvent le doit mettre hors et se il estoit mestieuz, de nous ou de nos gens qu'il ne leur mis hors par son seul sairement sanz plus faire encontre s'en passeroit li sergans de ces manoirs. Ne nous ne poons ne ne devons estlinguer les manoirs devant nommez. Ne sergiant que nous aions, ne l'abéesse, ne li couvens ne pueent retenir en leur manoirs qui sont dit devant les meubles ne les chatex a nos hommes encontre notre droiture. Et si est assavoir que se les beste à l'abbéesse et au couvent devant nommé estoient prises en aucun forfait au terroir de *Fonches*, li pastres les raurait une fois à chascun terme par le damage rendant et se eles estoient prises autres fois notre sergiant jureroit a chascune fois que prinzes les avait a droit forfait et seroient adoncques tenues l'abéesse et li couvens ou leur gens de rendre à nous ou à nos sergians douze deniers parisis d'amende avec le damage, liquiex damages doit estre esgardez par quatre hommes des quiex nous devons prendre deux et l'abéesse et li couvens deux, et se ils se décordoient, l'on se tenroit az trois et en cele manière serions nous tenus envers l'abéesse et le couvent devant nommé, se noz bestes estoient prinses, en leurs terres à leur damage et se il avenoit chose que les bestez à notre sergiant ou à nos hommes de *Fonches* estoient prinses en leurs terres faisans damage, ils seroient tenu à rendre le damage et trente deniers parisis d'amende à l'abéesse et au couvent ou à leur sergiant et en tele manière doit faire le sergiant puisque les bestez fussent senes pour ce que soit chose ferme et estable à touz jours nous avons séellées ces lettres de nos 2 seaulz.

Ce fut fait en l'an de l'Incarnation de notre Seigneur, mille deux cent quarante-huit, au mois de novembre.

LVII.

LETTRES DE QUATORZE SETIERS ET UN QUARTERON DE BLÉ DONNÉS A FONCHES.

Je Symon de *Clermont* sires de *Nele* faisons sçavoir à tous ceux qui ces lettrez verront que de quatorze setiers et un quarteron de blé la mesure de Neele que messires *Nevelons de Chaule* avoit de *Caulle* [1] à *Fonches* seur la terre l'abbéesse et le couvent de *Morgneval*. Les quiex, ils tenoit de moi en fief. C'est assavoir que il leur a quittée perpétuellement et il et ses hoirs et cette quittance qu'il lor a faite. Je l'ai volut et octroyé bien et loyaument comme sires et que ce soit ferme chose et estable. Je en ai as presentes lettres sellées de mon seel en l'an de l'Incarnation mil deux cent quarante-neuf ou mois de février.

P. 84, an. 1249.
N. 70.

Simon de Clermont, sire de Nesle, donne à l'église de Morienval quatorze setiers et un quarteron de blé à prendre annuellement à Fonches, sur le dit couvent.

LVIII.

LETTRES DE TERRES APPARTENANTS A LESSART.

Universis presentes litteras inspecturis. *H.* monasterii beati *Johannis* in bosco Cuisie, Dei permissione humilis abbatissa totus que ejusdem loci salutem in Domino. Noverint universi quod cum *Petrus* dictus *Boistiaus* quondam presbiter de *Petrafonte* quandam peciam terre site in loco que dicitur *Haya de Rest* nobis in eleemosinam legavisset, que terra movet de domanio beate *Marie de Morgneval*, et de eadem ecclesia tenetur, et quia dicta Ecclesia sufferre nolebat quod nos dictam terram teneremus, ne in manum mortuam vertetur. Tandem inter nos in hunc modum est pacificatum, quod dicta Ecclesia de dicta terra tres arpentos et tres quarterios ex communi assensu nostro imperpetuum possidebit et nos residuum terre dicte, de assensu dicte Ecclesie, in manum mortuam possidebimus, salvis redditibus qui eidem Ecclesie pro dicta terra debentur et omni justitia que potest et debet « illis de jure pertinere eo modo quod si laicus eam « teneret nec dictum monasterium ad ponendam dictam terram extra manu nostram poterit « cohercere. In rei cujus testimonium presentes litteras dicto monasterio beate Marie de Mor- « niaval tradidumus sigillorum nostrorum tenore roborate. Actum anno domini millesimo du- « centesimo quadragesimo nono, mense Martio. »

Page 88, an 1249.
N. 79.

Accord entre le couvent de Morienval et celui de Saint-Jean au bois de Cuise, au sujet d'une pièce de terre située au lieu dit la *Haye de Rest*, données par Pierre Boistiaux, curé de Pierrefonds. L'église de Saint-Just donne pour indemnité trois arpents et trois quartiers de terre.

LIX.

LETTRES DE LA COURTILLE QUI EST DESSOUS NOSTRE ÉGLISE.

Universis presentes litteras inspecturis magister *Albericus de Fontenis* officialis Suessionensis salutem in domino. Noverit universitas vestra quod in presentia curie Suessionensis propter hoc

Page 67, an 1250.
N. 54.

Donation faite au couvent de Morien-

---

[1] Caule, sorte d'impôt.

val par Jean, chanoine de Morienval, fils d'Helinet, d'une place et d'une portion de vigne sise au lieu dit la Courtille.

constitutus *Johannes* filius *Hellini* canonicus *Morgnevallis* recognovit se dedisse et concessisse in puram et perpetuam elemosinam Ecclesie *Morgnevallis* quandam aream et quandam peciam vinee quam habebat et possidebat in loco qui vocatur *le Courtille* et quas tenebat ab Ecclesia memorata, ipsi Ecclesie imperpetuum possidendas. Mediantibus undecim minis avene ad mensuram de *Morgnevalle* quas ipsa ecclesia in villa de *Morgnevalle* ipsi *Johanni* quamdiu vixerit solvere tenebitur annis singulis, nomine pensionis, promittens idem canonicus, fide prestita corporali, quod contra dictam collationem seu concessionem non veniet de cetero per se vel per alium nec in dicta area et vinea aliquid juris imperpetuum per se vel per alium reclamabit, nec queret artem vel ingenium per que dicta Ecclesia non possit de predictis area et vinea gaudere pacifice et quiete et predicta pensio prefacto canonico ab ipsa Ecclesia solvetur annuatim a festo sancti *Remigii* proximo venturo quamdiu vixerit, sicut superius est expressum. In cujus rei testimonium presentes litteras sigillo Suessionensis curie duximus roborandas. Datum anno millesimo ducentesimo quinquagesimo, mense decembri.

LX.

LETTRES DE DEUX MUIS DE BLÉ DONNÉS A CESTE ÉGLISE QUE ON PRENT CHACUN AN A BETIZI.

Page 25, an 1250.
N. 10.

Pierre de Vic, chevalier, et Éléonore, son épouse, donnent à l'église de Morienval deux muids de blé à prendre annuellement dans la grange de Béthisy.

Ego *Petrus de Viaco* miles universis presentes litteras inspecturis notum facio quod ego de assensu et voluntate spontanea domine *Aanore* uxoris mee dedi et concessi in puram et perpetuam elemosinam duabus filiabus meis *Mathildi* moniali *Morgnevallis* et *Gilete* sorori ejus duos modios bladi hyemalis capiendos annuatim in grangia mea quam habeo apud *Bestiziacum* ad mensuram ejusdem ville. Ita videlicet quod dicta *Mathildis* quamdiu vixerit singulis annis unum dictorum duorum modiorum bladi sani sicci et medii infra Nativitatem Domini percipiet et post decessum ipsius, idem modius ad monasterium *Morgnevallis* absque ulla contradictione perpetuo obveniet et revertetur. Predicta vero *Gileta* similiter quamdiu vixerit alium habebit modium. Quam scilicet *Giletam* si intrare religionem contigerit, domus quam intrabit post ipsius obitum illum modium perpetuo percipiet annuatim et si eam maritari contigerit, ad heredes suos libere revertetur. Si vero bona grangie predicte ad solutionem dictorum duorum modiorum non sufficerent ad id plenarie reddendum et solvendum eis facio assignamentum ad totam terram meam de *Bestiziaco* et de hoc observanda heredes meos obligo et volo funditus obligari. Quod ut ratum sit et firmum presentes litteras sigilli mei munimine roboravi.

Actum anno domini millesimo ducentesimo quinquagesimo secundo, mense januario.

LXI.

LETTRES DE NEUF JOURNEX DE TERRE ACHATEZ A PARVILLERS.

Page 61, an 1252.
N. 50.

Universis presentes litteras inspecturis. Ego *Maria* preposita *de Parviler* notum facio quod ego, de assensu et voluntate spontanea domini *Petri* filii et heredis mei primogeniti, vendidi legitima venditione karissimis in Christo religiosis mulieribus domine abbatisse et conventui beate

Marie Morgnevallis novem jornalia terre arabilis moventis de domanio atque feodo suo, quem de eisdem teneo apud *Parviler*, que scilicet novem jornalia sita sunt in territorio de *Parviler*, quod dicitur de *Essartis*. Vendidi etiam eisdem de assensu et voluntate predicti domini *Petri*, cum predictis novem jornalibus terre, totum homagium *Radulphi* dicti *Postel* quod similiter tenebam in feodum de predictis domina abbatissa et conventu *Morgnevallis* quod similiter movebat de feodo quod de eis teneo. Predicta videlicet novem jornalia terre supra dicte et totum homagium *Radulphi Postel* eisdem abbatisse et conventui *Morgnevallis* imperpetuum possidenda pacifice ac tenenda pro centum scilicet et novem libris parisiensibus monete et computabilis et bone nobis ab eisdem in sicca pecunia sine diminutione qualibet numeratis plenarie et solutis. Promisimus siquidem tam ego quam prefatus dominus *Petrus* bona fide quod contra hanc venditionem nec per nos nec per aliquos alios in aliquo de cetero veniemus; immo eisdem aut earum Ecclesie supra jam dicta venditione erga omnes qui juri et legi supra hoc parere voluerint ad usus et consuetudines castri *Royensis* in Viromandia legitimam garandiam feremus. Que ut rata et inconcussa permaneant ego *Maria* preposita et dominus *Petrus* filius meus supradictus presentes litteras sigillorum nostrorum munimine fecimus roborari.

Actum anno Domini millesimo ducentesimo quinquagesimo secundo, mense *Mayo*.

Marie, ayant la prévôté de Parvillers, vend à l'église de Morienval neuf journaux de terre aux lieux dits les Essarts, à Parvillers, pour 100 liv.

LXII.

LETTRES DE PLUSIEURS CHOSES QUE LA PREVOSTÉ DE PARVILLER TIENT DE CÉENS.

Ego *Maria* preposita de *Parviler* notum facio universis tam presentibus quam futuris presentes litteras inspecturis, quod ego de dilectissimis in Christo ac religiosis mulieribus domina abbatissa et conventu Beate *Marie Morgnevallis* teneo in homagium et feodum sex bonaria terre in territorio quod dicitur a *Essartis*, duo bonaria retro leprosariam de *Parviler*, duo bonaria in campo retro gardinum dicte domine abbatisse et conventus *Morgnevallis*, furnum de *Parviler*, quinque bonaria et dimidium terre site inter *Parviler* et *Doumeri*[1] retro managium meum de *Parviler* cum toto predicto managio sicut se comportat et investituras terrarum masnalium et managiorum de *Parviler*. Teneo etiam de dicta domina abbatissa et conventu homagia inferius annotata : homagium videlicet *Oudardi* de *Houssoi* ad servitium roncini, homagium *Arnulphi* de *Fonches*, *Roberti* de *Fonches* et *Radulphi* dicti *Prepositi* ad servitium curie et placiti. Teneo insuper hospites quos habeo in villa de *Parviler* in homagium et feodum supra dictum. Hec omnia et singula prenotata teneo et recognosco me tenere in homagium et feodum memoratum de dicta domina abbatissa et conventu *Morgnevallis*. Cui recognitioni a me facte personaliter interfuerunt ex parte earum ad hoc specialiter evocati, dominus *Hugo* decanus charistianitatis de *Parviler*, dominus *Johannes* presbiter de *Morgneval*, dominus *Radulphus* presbiter de *Andechi*, frater *Petrus* de Morgneval, *Arnulphus* de Fonches, *Robertus* de Fonches, *Martinus* de Roya, *Hubertus* faber de *Parviler* et *Bartholomeus* de *Bolonia*[2]. In cujus rei testimonium presentes litteras sigilli mei munimine roboravi.

Actum anno domini millesimo ducentesimo quinquagesimo secundo, mense mayo, die dominica post Ascensionem Domini.

Marie Prévôt(e) de Parvillers, rend aveu à l'église de Morienval pour divers biens en ce lieu.

[1] Damery (Somme), canton de Roye.
[2] Boulogne-la-Grasse, canton de Ressons (Oise).

LXIII.

LETTRES DE DEUX MUIS DE BLÉ DONNÉS A CESTE ÉGLISE QUE ON PRENT CHASCUN AN A BETIZI.

Page 24, an 1252.

N. 10.

Ratification donnée par Éléonore, épouse de Pierre de Vic, au sujet de la donation faite à l'église de Morienval de 2 muids de blé à prendre annuellement sur la grange de Béthisy.

Universis presentes litteras inspecturis magister *Johannes* canonicus et officialis Suessionensis eternam in Domino salutem. Noverint universi quod domina *Aanor* vidua relicta domini *Petri* de *Viaco* [1] militis, constituta propter hoc, coram dilecto et fideli nostro clerico *Roberto* scilicet de *Novavilla* [2] tabellione curie Suessionensis ad audiendum et recipiendum, vice nostra, conventiones contentas inferius in hac carta, specialiter deputato a nobis, recognovit et asseruit coram eo quod dictus *Petrus* miles quondam maritus suus, olim, dum adhuc viveret, quandam elemosine donationem et concessionem supra duobus modiis bladi duabus ipsius *Petri* et ejusdem *Aanor* uxoris sue filiabus, scilicet *Mathildi* nunc jam factemoniali, ecclesie *Morgnevallis* et *Gilete* sorori sue. Ut unaqueque ipsarum sororum unum modium ex dictis duobus modiis, annis singulis infra Nativitatem Domini in grangia quondam ipsius *Petri* apud *Bestiziacum* [3], quamdiu vixerit, percipiat, et habeat et post ejusdem *Mathildis* decessum, modius ille bladi cedat perpetuo in jus et proprietatem dicte Ecclesie *Morgnevallis*. Alius quoque modius dicte *Gilete* post ejus decessum, si religionem intraverit, ad locum cujus religionem assumpserit, aut si religionem non intraverit ad heredes suos perpetuo devolvatur; fecerat (hoc) de ipsius *Aanor* voluntate et assensu a qua voluntate et assensu *Aanor* eadem non recedens sed ipsius elemosine factionem innovans voluit et concessit predicte ecclesie *Morgnevallis* cujus dicta *Gileta* nunc monialis facta est una cum dicta *Mathilde* sorore sua sicut asseruit coram dicto tabellione. Abbatissa Ecclesie memorate ut ipsa Ecclesia, post predictarum sororum decessum, dictos duos modios bladi, scilicet bladi sani sicci et meditanei annis singulis infra dictum terminum imperpetuum percipiat et habeat quitte et pacifice titulo elemosine memorate. Salva eisdem sororibus, quamdiu vixerint, ut dictum est, perceptione dictorum duorum modiorum bladi etiam alteri post alterius decessum ac deinde postquam ambe decesserint dicte Ecclesie annuatim imperpetuam faciendam dicta *Aanor* dictam grangiam cum appendentibus cujus situm exprimendo dicit eam sitam juxta *Bestiziacum* ad locum ubi dicitur ad *Plaisseium Castellani* [4] tanquam ipsius *Aanor* hereditatem propriam perpetuo obligavit. Necnon et se ipsam presentem futurosque possessores quoscumque ipsius grangie appendentiumque terrarum et hanc elemosinam scilicet dictos duos modios bladi annui redditus titulo ipsius elemosine voluit dicta *Aanor* taliter cedi in jus et proprietatem ipsius Ecclesie pro ejusdem *Aanor* dictique *Petri* quondam mariti sui anniversario, annis singulis post decessum ipsius *Aanor* in dicta Ecclesia faciendo, et ipsam elemosinam ut rata perpetuo existat. Eadem *Aanor* proprie fidei interpositione firmavit coram tabellione predicto. Volens nichilomi-

---

[1] Vic-sur-Aisne.
[2] La Neuville.
[3] Béthisy-Saint-Martin, canton de Crépy (Oise).
[4] Cette charte, n° 164, devait être datée de 1252, car elle doit être postérieure à l'acte de donation, qui doit prendre date en 1250. Il y aura eu inversion dans ces deux actes par le copiste.
[5] Le Plessis-Châtelain, écart de Béthisy-Saint-Martin.

nus quod carta, quam idem *Petrus* supra dicta elemosina eidem Ecclesie suo sigillatam sigillo dicitur concessisse, robur obtineat perpetue firmitatis. Nos autem, quod super hiis coram dicto tabellione nostro actum est ratum et gratum habentes presentem cartam dicte Ecclesie ad petitionem dicte *Aanor* tradi fecimus sigillatam, sigillo curie Suessionensis in testimonium premissorum. Acta in presentia horum testium scilicet magistri *Johannis* dicti Cerarii Suessionensis prioris de *Morienval* [1] clerici et aliorum.

Anno domini millesimo ducentesimo quinquagesimo mense, novembri.

LXIV.

LETTRES POUR LES BIENS DES CHAPELAINS DE CESTE ÉGLISE ET DES HOMMES DE CORPS QUI SONT MESEL.

Universis presentes litteras inspecturis *Radulphus de Castro* archidiaconus in *Ripparia* [2] Suessionensi, salutem in Domino. Noverint universi quod cum peteremus bona mobilia decedentium leprosorum, hominum de corpore *Morgnevallis* Ecclesie et etiam fructus Cappellarum curam animarum non habentium ad jus patronatus dicte Ecclesie pertinentium in nostro archidiaconatu sitarum, donec persone in eisdem Capellis institute ad ordines sacerdotii essent promote et dicta bona et fructus auctoritate propria saisiremus eo quod dicebamus premissa ad nos de jure pertinere debere. Preterea cum abbatissa et conventus dicte Ecclesie *Morgnevallis* peterent foris maritagia [3] et mortuas manus [4] a clericis uxoratis et ancillis dicte Ecclesie procreatis et nos inhiberemus eisdem ne dicte abbatissa et conventus premissa ab eisdem clericis venditarent, nos, super predictis deliberatione habita, competenti utentes consilio saniori, omnia predicta et singula quamdiu vixerimus prenominate Ecclesie quittamus pacifice, possidenda promittentes bona fide nos contra premissa omnia et singula imposterum non venturos. Promisimus etiam bona fide quod de cetero dictam Ecclesiam supra omnibus premissis et singulis non inquietabimus ullo modo et de hiis tenendis et fideliter adimplendis presentes litteras predictis abbatisse et conventui concessimus, sigilli nostri munimine roboratas et hec universis tenore intimamus.

Datum anno domini millesimo ducentesimo quinquagesimo tertio, mense januario.

Page 78, an 1253.

N. 65.

Raoul de Castres Archidiacre de Rivière, concède à l'église de Morienval le montant des biens de lépreux pour les hommes de corps, dont l'héritage revient aux chapelains.

XLV.

LETTRES DU ROY A L'USAGE DE LA FOREST DU BOS SEC CHEU.

Ludovicus dei gratia *Francorum Rex*. Noverint universi presentes pariter et futuri. Quod cum inclite recordationis *Ludovicus* genitor noster pietatis intuitu et ob remedium anime sue et ante-

Page 26, an 1236.

N. 13.

Lettres du roi Louis confirmant la permission donnée par son père aux religieuses de Morien-

---

[1] Jean le Cicier, de Soissons, prieur de Morienval.
[2] Archidiaconé de Rivière, près Vic-sur-Aisne.
[3] Prestatio quæ a servis seu adscriptis glebæ exsolvebatur seu licentia matrimonii.
[4] Jus in bona defunctorum.

cessorum suorum dedisset et concessisset in perpetuam elemosinam dilectis in Christo abbatisse et conventui monialium *Morgnevallis* unam quadrigam ad capiendum usagium suum ad ardendum in foresta nostra Cuisie. Videlicet *in montibus Bestiziaci* et in *Bellanda* de mortuo bosco caso sive dare et sive vendere et dicte abbatissa et conventus quitassent imperpetuum si quod juris habebant in tota residuo foreste predicte. Nos ipsius genitoris nostri piam donationem et cessionem, sicut superius continetur, volumus concedimus et ratam habemus. Adjicientes pro de dicto bosco mortuo moniales predicte ubicumque eis opus fuerit edificare valeant. Ita tamen quod quadrigam ipsam ad dictum usagium mittere non valeant in dicta foresta nisi tantummodo bis in die. Quod ut ratum et stabile permaneat in futurum, presentes litteras sigilli nostri fecimus impressione muniri.

Actum apud Compendium, anno domini millesimo ducentesimo quinquagesimo sexto, mense septembri.

LXVI.

LETTRES D'UN ACCORT ENTRE L'ÉGLISE DE CÉENS ET L'ÉGLISE DE LONCPONT SEUR LES DISMES DE FRANSART.

Universis presentes litteras inspecturis frater *Johannes* dictus Abbas *Longipontis* Cisterciensis ordinis, Suessionensis diocesis, totusque ejusdem loci conventus salutem in Domino. Universitati vestre notum facimus, quod cum nos, diu est, traxissemus in causam coram judice delegato a domino principe abbatissam et conventum Ecclesie *Morgnevallis*, judicium possessorium solummodo contra eas intentando, proponentes contra eas quod cum nos fuissemus longo tempore et adhuc essemus in possessione vel quasi percipiendi singulis annis in grangia sita apud *Fransart* ratione Ecclesie nostre tertiam partem omnium fructuum integraliter vel proventuum magnarum decimarum omnium terrarum de *Fransart* et de *Poenciaco* videlicet frumenti, ordei, succordei [1], siliginis, pisorum, fabarum, avene, viciarum, et aliorum leguminum nec non sandici [2]. Ipse, per septennium ante dictam causam motam elapsum nos indebite spoliaverant possessione nostra vel quasi ante dicta in parte videlicet in hoc que nos per totum dictum septennium spoliaverant possessione nostra vel quasi percipiendi tertiam partem fructuum vel proventuum decimarum sandici, tam apud *Fransart* quam apud *Poenciacum*, collecti in dicto septennio, quam decimam sandici magnam decimam esse dicebamus et percipiendi tertiam partem in decimis magnis de *Poenciaco* quantum ad omnes fructus vel proventus alios etiam a sandico magnarum decimarum in territorio de *Poenciaco* in sepe dicto septennio collectos non permittendo nos vel nostrum mandatum in toto dicto septennio aliquid percipere in decimam sandici apud *Fransart* vel *Poenciacum*, nec in aliquibus fructibus vel proventibus aliis a sandico magnarum decimarum apud *Poenciacum* collectis quam tertiam partem sandici fructuum estimabamus, pro, quolibet anno dicti septennii, triginta solidos parisios et tertiam partem fructuum vel proventuum aliarum a sandico magnarum decimarum in territorio de *Poenciaco* collectarum in dicto septennio, pro quolibet anno illius septennii quatuordecim sextarios duas partes bladi tertiam avene ad mensuram *Royensem* petentes ab eis dictos triginta solidos parisios pro quolibet anno dicti septennii vel tertiam partem

---

[1] Escourgeon.
[2] Garance.

fructuum dicti sandici et dictos quatuordecim sextarios, duas partes frumenti tertiam avene vel valorem illorum pro quolibet dictorum septem annorum nobis restitui vel reddi. Et cum predictis etiam contra eas in judicio proposuissemus quod cum dominus *Albertus de Hangest* miles modo defunctus et quidam alii habentes terras arabiles apud *Fransart* et *Poenciacum* illas concessissent sub quadam censiva quibusdam hominibus de *Fransart* et de *Poenciaco*; vel etiam aliis quarum quedam erant contigue ortis predictarum villarum, quedam autem aliquantulum ab ortis eisdem distantes et in possessione vel quasi percipiendi tertiam partem fructuum vel proventuum decimarum earumdem terrarum essemus ante predictam concessionem quidem dictorum hominum quasdam pecias dictarum terrarum vel etiam partem peciarum earumdem terrarum ortis suis contiguarum ad modum ortorum incluserunt et similiter hoc fecerunt de quibusdam peciis distantibus aliquantulum ab ortis. Alii vero dictorum hominum quasdam pecias ortis suis contiguas vel partes earum et alias distantes ab ortis non incluserunt. Dicte vero abbatissa et conventus *Morgnevallis* que habent totam minutam decimam in dictis villis, reputantes decimam fructuum vel proventuum dictarum terrarum esse minutam, non magnam, asportaverunt illam integraliter in predicto septennio, Ecclesiam nostram *Longipontis* spoliando nostra possessione vel quasi percipiendi tertiam partem fructuum vel proventuum decimarum illarum terrarum, quam tertiam partem estimabamus pro quolibet anno dicti septennii septem sextarios et dimidium, duas partes frumenti ad mensuram Royensem, ob hoc petentes in dicto judicio a dictis abbatissa et conventu *Morgnevallis* quinque modios duas partes frumenti et tertiam avene ad dictam mensuram vel valorem illorum quinque modiorum nobis restitui vel reddi et cum hec dixissemus et proposuissemus in dicto judicio contra eas, ipse in eodem judicio nos reconveniendo contra nos proposuissent, quod cum longo tempore fuissent in possessione recipiendi a nobis singulis annis in dicta grangia dimidium modium bladi, nos sua possessione eas spoliantes quodam longo tempore, dictum dimidium modium bladi eisdem reddere contradixeramus, ideo que ipse petentes se ad suam possessionem restitui, petebant a nobis quod nos ipsis satisfaceremus de arreragiis illius dimidii modii non solutis. Item cum ipse pluries petiissent a nobis extra judicium quod nos ad reparationem grangie sue de *Fransart*, que imminebat, necessaria, tertiam partem sumptuum pro illa faciendorum et jam factorum poneremus. Quia in illa pars nostra dictarum decimarum reponebatur cum sua nobis dicentibus quod nichil ad reparationem dicte grangie ponere debebamus, quia nunquam ad reparationem illius aliquid posueramus in quadraginta annis vel amplius jam elapsis, quamvis in tanto tempore aliquociens fuisset reparata, cum sepe dicte cause aliquotiens fuissent agitati apud Laudunium coram decano beati *Petri* in foro, aliquociens coram magistro Hugone de *Estrepeilliaco* [1] canonico sancti *Sanccini Meldensis* aliquociens coram decano beate *Marie in Vineis* Suessionensibus et quandoquidem coram abbate sancti *Leodegarii* Suessionensis, a dicto decano sancti *Petri* subdelegato, ac in nostra causa conventionis dies fuisset assignata ad sentenciendum primo coram decano beate *Marie in Vineis* predicto et ultimo ad idem faciendum coram abbate sancti *Leodegarii* supra dicto. Dicta abbatissa et conventus *Morgnevallis* communicato bonorum consilio, amicabili quadam compositione supra premissis omnibus inter ipsas, nomine Ecclesie sue *Morgnevallis* ex una parte et nos nomine Ecclesie nostre *Longipontis* ex altera interveniente, concesserunt spontanea voluntate non coacte, nomine Ecclesie sue *Morgnevallis* nobis qui sumus nunc in Ecclesia *Longipontis* et eis qui de cetero suc-

---

[1] Étrépilly (Aisne), canton de Château-Thierry

cedent nobis in eadem Ecclesia quod nos habeamus de cetero in perpetuum absque aliqua contradictione dictarum abbatisse et conventus *Morgnevallis* aut etiam earum que illis succedent de cetero in eadem ecclesia *Morgnevallis* tertiam partem quam ad possessionem et proprietatem magnarum decimarum in tota decimata de *Fransart*, *Ambianensis* diocesis, et de *Poenciaco* Noviomensis diocesis et tertiam partem decimarum sandici, ubicumque et quandocumque in toto decimatu de *Fransart* et de *Poenciaco* sandicum contigit seminari et colligi extra ortos et mensuras, qui orti et masure erant orti et masure triginta annis jam elapsis. In quibus etiam ortis et masuris voluerunt et concesserunt dicte abbatissa et conventus quod nos habeamus de cetero imperpetuum tertiam partem decimarum sandici ibidem seminati et collecti, si in illis ortis et masuris decima sandici ibidem seminati et collecti debeat magna decima censeri, et quod habeamus de cetero in perpetuum tertiam partem omnium decimarum in omnibus terris inclusis a triginta annis citra et etiam non inclusis in toto decimatu de *Fransart* et de *Poenciaco*, que terre incluse vel non incluse orti vel masure non erant triginta annis jam elapsis ac in omnibus terris que in toto decimatu de *Fransart* et de *Poenciaco* de cetero includentur, que terre non erant orti vel masure triginta annis jam elapsis, et promiserunt nobis dicte abbatissa et conventus *Morgnevallis* quod ipse nullatenus se opponerent nobis vel contradictionem seu impedimentum contra nos procurabunt quominus tertiam partem fructuum seu proventuum decimarum omnium predictarum percipiamus de cetero imperpetuum singulis annis nomine ecclesie nostre *Longipontis*, et quittaverunt imperpetuum nobis nomine Ecclesie nostre dimidium modium bladi cujus arreragia petierant a nobis in reconventione predicta, promittentes quod supra predicto dimidio modio bladi quantum ad proprietatem vel etiam quantum ad possessionem pro tempore preterito vel futuro. Vel etiam supra arreragiis illius de cetero nullatenus nobis movebunt questionem vel etiam motam contra nos prosequentur. In dicta etiam compositione ita fuit ordinatum de consensu nostro nomine Ecclesie nostre *Longipontis* et abbatisse et conventus predictarum nomine Ecclesie sue *Morgnevallis* quod dicte abbatissa et conventus et ille que ipsis succedent de cetero in Ecclesia *Morgnevallis* dictam grangiam sitam apud *Fransart* ad sumptus Ecclesie *Morgnevallis* predicte reficere totam vel ejus partem quantumcumque dimidiam videlicet majorem dimidia vel minorem et tegere et retegere tenebuntur imperpetuum quotienscumque tota dicta grangia vel pars aliqua ejus quantacumque dimidia scilicet major dimidia vel etiam minor indiguerit aliquo premissorum nec aliquid pro refectione vel aliis predictis jam factis in dicta grangia vel etiam imposterum faciendis ab abbatissa et conventu *Morgnevallis*, que nunc sunt in Ecclesia *Morgnevallis*, vel illis que eis succedent in eadem Ecclesia ille que nunc sunt in ipsa Ecclesia *Morgnevallis* predicta vel que illis succedent de cetero in illa poterunt petere a nobis que nunc sumus in Ecclesia *Longipontis* predicta vel eis qui nobis succedent de cetero in eadem; concesserunt etiam dicta abbatissa et conventus, nomine Ecclesie sue *Morgnevallis*, nobis qui nunc sumus in Ecclesia *Longipontis* pretaxata et illis qui de cetero succedent nobis in eadem Ecclesia *Longipontis* quod nos et dicti successores nostri quolibet anno tempore messium imperpetuum reponamus in communi in dicta grangia de *Fransart* portionem omnium fructuum seu proventuum predictorum nos contingentem cum portione sua ut portione nostra et sua ibidem repositis et trituratis flagellatis sive excussis in communi partem nostram videlicet tertiam omnium fructuum seu proventuum in dicta grangia trituratorum flagellatorum sive excussorum et supra dictis decimis dictorum decimatuum proventium ex tunc habeamus et de ipsa nostram faciamus voluntatem. In cujus modi repositionem tertie partis predicte in dicta grangia voluerunt et concesserunt dicte abbatissa et conventus *Morgnevallis* nomine Ecclesie nostre *Longipontis* de cetero jus habere, nos vero nomine Ecclesie sue omnes expensas quas feceramus contra eas in causis conventionis supradictis et omnes fructus seu proventus quos perceperant usque nunc de tertia parte decimarum tam sandici quam rerum aliarum in omnibus terris supra dictis nos contingente et ipse similiter nomine Ecclesie sue nobis quittaverunt expensas quas fecerant contra nos in reconventione supra dicta. De ista vero compositione imperpetuum inviolabiliter observanda tam a nobis qui nunc sumus in Ecclesia Longipontis et eis qui de cetero nobis succedent in eodem nomine Ecclesie ejusdem quam a dictis abbatissa et conventu qua nunc sunt in Ecclesia *Morgnevallis* et illis que succedent ipsis in illa, nomine Ecclesie illius, constituerunt se debitores erga nos, nomine Ecclesie nostre *Longipontis*, in centum libris parisiensibus. *Johannis* de *Novis casis* [1] miles frater abbatisse *Morgnevallis* et *Renaudus* de *Matrismonte* [2] miles qui pro nobis similiter se constituerunt debitores in centum libris parisiensibus erga dictas abbatissam et conventum nomine Ecclesie *Morgnevallis*, *Gerardus de Margival* [3] miles *et Radulphus* ejus filius armiger, dicti *Johannes* et *Renaudus* erga nos nomine Ecclesie nostre *Longipontis* quilibet eorum insolidum et dicti *Gerardus* et ejus filius erga dictas abbatissam et conventum nomine Ecclesie sue similiter quilibet insolidum se et sua omnia suos que heredes successores ac bonorum suorum possessores supra predictis centum libris obligantes. Ita videlicet quod si contingeret nos vel illos qui nobis succedent de cetero in Ecclesia nostra *Longipontis* in aliquo resilire a dicta compositione per beneficium restitutionis in integrum vel alio aliquo modo de facto vel de jure dicti *Gerardus* et ejus filius centum libras parisienses solvere tenerentur dictis abbatisse et conventui *Morgnevallis* pro suo interesse, ratione dicte compositionis non servate a nobis qui nunc sumus in Ecclesia *Longipontis* vel ab eis qui succedent nobis in eadem Ecclesia sepe dicta, et similiter si contigerit dictas abbatissam et conventum que nunc sunt in Ecclesia *Morgnevallis* vel eas que ipsis succedent in eadem Ecclesia resilere in aliquo a dicta compositione per beneficium restitutionis in integrum vel aliquo alio modo de facto vel de jure, dicti *Johannes* et *Renaudus* milites centum libras parisienses solvere tenerentur nobis pro nostro interesse ratione dicte compositionis non servate a dictis abbatissa et conventu que nunc sunt in Ecclesia *Morgnevallis* vel ab eis que succedent ipsis in eadem Ecclesia *Morgnevallis*. Nobis vero vel nostris successoribus in Ecclesia *Longipontis* sive dictis abbatissa et conventu vel illis succedentibus in Ecclesia *Morgnevallis* a dicta compositione resilientibus aliquo modorum predictorum dicte cause conventionis et reconventionis ad examen dicti abbatis sancti *Leodegarii* reverterentur. Et ex nunc sua jurisdictione quam habebat in dictis causis tempore ordinationis dicte compositionis libere uteretur ad instanciam nostram vel nostrorum successorum in Ecclesia nostra vel ad instanciam dictarum abbatisse et conventus que nunc sunt aut succedentium eis in Ecclesia *Morgnevallis*, et in hoc consensimus tam nos quam abbatissa et conventus supra dicte nomine Ecclesiarum nostrarum. Ut autem omnia supra dicta prout sunt superius expressa, firma permaneant et illibata imperpetuum, presentes litteras sigilli nostri munimine predictis abbatisse et conventui que nunc sunt in Ecclesia *Morgnevallis* et illis que de cetero processu temporis succedent eis in eadem Ecclesia concessimus roboratas.

Datum anno Domini millesimo ducentesimo quinquagesimo septimo, mense novembri.

---

[1] Maisons neuves.

[2] Mérémont, écart de Crépy (Oise).

[3] Margival (Aisne), canton de Vailly.

LXVII.

LETTRES DE TRENTE SOLS PARISIS DONNÉS A L'ÉGLISE DE CÉENS QUE ON DEVOIT AU ROI POUR LE BRUEIL.

Page 56. an 1257.
N. 42.

Lettres du roi saint Louis, par lesquelles ce prince fait remise aux religieuses de Morienval de 30 liv. parisis d'une part, et d'un tiers d'un muid de vin d'autre part, qu'elles devaient lui rendre annuellement, remise en faveur de l'anniversaire de la reine Blanche.

Ludovicus dei gratia *Francorum Rex*. Noverint universi presentes pariter et futuri quod cum *Moniales Morgnevallis* nobis tenerentur, singulis annis, in triginta solidis parisiensibus ratione cujusdam prati qui vocatur *Brolius* et in tribus partibus unius modii vini ratione cujusdam clausi qui vocatur Platea [1], nos divini amoris intuitu pro salute anime nostre ac pro remedio animarum inclite recordationis regis *Ludovici* genitoris nostri ac aliorum antecessorum nostrorum, nicholominus etiam ad hoc considerationem habentes quod eedem moniales sicut asseritur anniversarium felicis memorie, *Blanche Francie regine Karissime* matris nostre in sua ecclesia celebrant annuatim, predicta omnia in quibus nobis tenebantur concessimus remisimus et quittavimus eisdem imperpetuum ad pitantiam faciendam in die anniversarii memorati, salvo jure nostro in aliis et etiam alieno. Quod ut ratum et stabile permaneat in futurum, presentem paginam sigilli nostri fecimus impressione muniri.

Actum apud Compendium anno domini millesimo ducentesimo quinquagesimo septimo, mense martio.

XLVII.

LETTRES DU ROY DE L'USAGE DU BOS MORT CHEU.

Page 26, an 1258.
N. 13.

Lettres du roi saint Louis enjoignant aux sergents de la forêt de Cuise, de laisser prendre chaque année un char de bois pour bâtir.

Ludovicus dei gratia *Francorum Rex*. Forestario Cuisie quicumque pro tempore fuerit salutem. Cum nos monialibus *Morgnevallis* concesserimus pietatis causa ut de bosco mortuo caso foreste nostre Cuisie, videlicet in montibus *Bestiziaci* et in *Bellanda* ubicumque eis opus esset ad edificandum capere valeant. Ita tamen quod quadrigam suam ad dictum usagium non possent mittere nisi tantummodo bis in die, pro ut hec in litteris nostris supra hoc confectis plenius continetur. Eedemque moniales, ut asserunt, per dictam quadrigam, sicut eis opus esset, non possint attrahere vel adducere boscum competentem ad edificandum. Tibi mandamus quatenus loco dicte quadrige singulis annis per tres dies currum suum mittere permittas eisdem ad attrahendum vel ad adducendum predictum usagium cum sibi viderint expedire. Dum tamen hoc per visum et scientiam tuam fiat.

Datum apud Compendium, anno domini millesimo ducentesimo quinquagesimo octavo mense martio.

---

[1] Canton de la forêt de Compiègne.

LXIX.

LETTRES QUE DAMOISELLE AGNES DE THIEMER QUITTA SON DOAIRE SUS TERRES QUI APPARTIENNENT A L'ESSART.

Universis presentes litteras inspecturis, magister *Matheus de Savignere* canonicus et officialis Suessionensis in domino salutem. Noverit universitas vestra quod cum *Domicella Agnes relicta Symonis Valleti* de *Thiemer*[1] sibi jus dotis seu dotalitii contra Ecclesiam beate *Marie Morgnevallis* Suessionensis diocesis venditaret in viginti et septem essinis terre arabilis sitis juxta *Hayam de Essarto* dicte Ecclesie in decem essinis terre sitis juxta viam per quam itur de *Essarto* apud *Petramfontem* in quadraginta essinis terre sitis juxta campellum et in aliis quadraginta essinis terre vel circiter sitis versus *Cabaret* que omnia fuerunt dicti *Symonis* et eadem dictus *Symon* eidem Ecclesie preter assensum ipsius domicelle, diu est, vendiderat pro ut ipsa domicella asserebat, tandem predicta domicella *Agnes* coram mandato nostro speciali adhec et consimilia deputato constituta, de bonorum consilio, et pro remedio anime sue dedit et quittavit sponte sua eidem Ecclesie *Morgnevallis* penitus et imperpetuum quicquid juris ipsa habebat vel habere debeb.t ratione dotis vel dotalitii seu alio quo cumque modo in terris predictis et proventibus perceptis in eisdem ac in omnibus aliis rebus que fuerunt dicti *Symonis*, quas ipsa ecclesia habet et possidet et hactenus habuit e possedit, assignans eidem Ecclesie per futurum ad hoc titulum elemosine perpetue vel donationis inter vivos seu quemlibet alium legitimum titulum eidem Ecclesie profuturum ad premissa omnia sibi acquirenda et penitus retinenda, hec autem omnia et singula prenotata. *Gugotus* et *Agatha*, liberi dicte *Agnetis*, coram eodem mandato nostro spontanei laudaverunt et approbaverunt. Cedentes et quittantes eidem Ecclesie penitus et imperpetuum omnem proprietatem et quicquid juris habebant vel habere debebant qualibet ratione in omnibus et singulis memoratis et tam dicta *Agnes* quam ejus liberi predicti de non veniendo contra premissa et de non reclamando in premissis vel parte eorum per se vel per alium, ratione quacumque, fidem prestiterunt corporalem, renuntiantes expresse sub dicta fide, quantum ad premissa exceptionibus doli mali et deceptionis cujuscumque, omni statuto et consuetudini patrie sive loci actioni in factum et omnibus aliis exceptionibus et rationibus juris et facti per que premissa, vel aliquod premissorum infringi valeant vel aliquatenus impediri. Ad hec autem presentes fuerunt dominus *Johannes* presbiter sancti *Dyonisii Morgnevallis*, *Droco* capellanus, dominus *Johannes* de *Duvi*[2] miles. *Johannes* de *Betencourt* canonicus, *Bertandus* prior et magister, *Petrus*, clerici *Morgnevallis* et alii cum *Matheo* tabellione curie Suessionensis. In cujus rei testimonium presentibus litteris sigillum curie Suessionensis ad instantiam dictorum *Agnetis* et liberorum ejus duximus apponendum.

Datum et actum anno Domini millesimo ducentesimo sexagesimo secundo, mense septembri in festo beati *Michaëlis* archangeli.

Page 66, an 1262
N° 53

Agnès, veuve de Simon Vaslet Thiemer, concède à l'église de Morienval, ses droits avec terre sur 27 arpents à la Haie aux Essarts.

---

[1] Thiemer ?
[2] Duvy, canton de Crépy (Oise).

LXX.

LETTRES D'UN ACCORT ENTRE L'ÉGLISE DE CÉENS ET LE PRIEUR DE BRETIGNY POUR TERRES QUI SONT A PARVILLER.

Page 68, au 1263.
N. 55.

Accord entre le couvent de Morienval et le prieur de Brétigny, au sujet de certaines terres à Parviller et relevant du prieuré.

Universis presentes litteras inspecturis frater *Hugo* prior de *Lehuno* [1] Ambianensis diocesis Clugniacensis ordinis totus que conventus ejusdem loci salutem in Domino. Noverit universitas vestra quod in presentia nostra constitutus frater *Matheus* prior de *Breteigniaco* [2] emit a domino *Hugone* decano de *Parviler* Ambianensis diocesis pro ducentis libris parisiensibus eidem decano plenarie solutis octo jornellos et dimidium terre arabilis moventis a monasterio beate *Marie Morgnevallis* que terra sita est in territorio de *Parviler* contigua ex parte una terre capellanie quam fundavit dominus *Petrus* de *Parviler* miles et ex altera, terre quam domicella *Maria* proposita de *Parviler* vendidit domicelle *Beatrici*. Quam terram emptam dictus prior de *Breteigniaco* et ejus successores hereditarie et imperpetuum tenebunt de abbatissa et conventu dicti monasterii de *Morgneval* sub annuo censu duorum denariorum parisiensium quolibet anno ad festum beati *Remigii* in capite octobris apud *Parviler* dictis abbatisse et conventui vel eorum mandato reddendorum a dicto priore de *Breteigni* et ejus successoribus. Ita tamen quod si dictus prior vel ejus successores essent in defectu dictorum duorum denariorum censualium ad dictum terminum, ipsi tenerentur dictis abbatisse et conventui in lege sive emenda septem solidorum et dimidii parisiensium, pro quo censu non soluto et pro lege si forte comittatur. Dicte abbatissa et conventus vel mandatum suum possunt habere recursum ad terram et saisire de fructibus ejus ad valorem dicti census et legis, et sciendum est quod quotienscunque contigerit prioratum de *Breteigny* devenire de uno priore ad alterum priorem, dicta terra debet relevari a dictis abbatissa et conventu de duobus solidis parisiensibus quod relevium solvet quisque prior qui succedet dicto *Matheo* in prioratu ante dicto prius quam gaudeat de dicta terra. Nec est tacendum quod si contingeret quod dictus prioratus alicui alie persone quam priori tradentur vel ad tempus vel ad vitam vel alio modo, quelibet persona cui traderetur dictum relevium redderet pro dicta terra antequam de illa gauderet. Has autem conventiones tam nos quam dictus prior de *Breteigny* de licentia nostra tenemur et promittimus firmiter tenere et inviolabiliter observare, renuntiantes quantum ad premissa omnibus privilegiis et indulgentiis apostolicis et aliis nobis et ordini nostro concessis et imposterum concedendis, beneficio restitutionis in integrum, auxilio canonici juris et civilis et omnibus aliis exceptionibus tam juris quam facti que contra hoc instrumentum et factum inveniri possent et proponi. In cujus rei testimonium, nos istam emptionem approbantes et ratam habentes presentes litteras sigillis nostris fecimus roborari.

Datum anno dominice incarnationis millesimo ducentesimo sexagesimo tertio, mense novembri.

---

[1] Lihons (Somme).
[2] Bretigny, canton de Noyon (Oise).

LXXI.

LETTRES DE L'ACHAT D'UN MUI DE BLÉ QUE PIERRE BONNARS PRENOIT CHACUN AN A BETTENCOURT.

Universis presentes litteras inspecturis magister *Johannes* de *Ayssentis* canonicus et officialis Suessionensis, salutem in Domino. Noverint universi quod coram nobis in jure propter hoc personaliter constitutus dominus *Petrus* dictus *Bonnart* presbiter curatus de *Rosello*, Suessionensis diocesis, recognovit se vendidisse bene et legitime et justo pretio mediante, videlicet pro undecim libris parisiensibus jam solutis sibi, ut dicebat, in pecunia numerata Religiosis mulieribus abbatisse et conventui monasterii beate *Marie Morgnevallis* unum modium bladi annui redditus ad mensuram *Morgnevallis* de hereditate ipsius presbiteri, quem modium bladi dictus presbiter venditor percipiebat et habebat annuatim jure hereditatis apud *Bettencourt* in grangia dictorum abbatisse et conventus, ratione cujusdam sergantarie feodate quam dictus presbiter a predictis abbatisse et conventu jure hereditario possidebat a prefatis abbatissa et conventu, imperpetuum tenendum habendum pariterque possidendum pacifice quiete. Cedens et corfcedens predictus presbiter prefatis abbatisse et conventui omne jus divinum, proprietatem, possessionem et quamlibet actionem que et quas habere dicebatur quoquo modo in dicto modio bladi vendito cum dicta sergantaria et in omni parte ejusdem, promittens nichilominus dictus presbiter fide et juramento in verbo Domini coram nobis prestitis ab eodem quod contra dictam venditionem per se vel per alium non veniet in futurum, et quod nec artem nec ingenium queret per quam seu per quod predicti abbatissa et conventus supra premissis vel aliqua premissorum possint aut debeant imposterum molestari vel gravari seu etiam in causam trahi coram aliqua justitia ecclesiastica vel seculari. Immo prefatus presbiter eisdem abbatisse et conventui supra premissis et quolibet premissorum legitimam feret garandiam ad usus et consuetudines patrie adversus omnes super hoc juri ac legi parere nolentes et renunciavit in hoc facto predictus presbiter penitus et expresse exceptioni doli mali et exceptioni non numerate pecunie vel non solute et omnibus aliis exceptionibus et rationibus que de jure vel facto contra presens instrumentum seu contenta in eodem possent objici vel opponi et que dicto presbitero possent prodesse et dictis abbatisse et conventui nocere. In quorum omnium testimonium et munimen ad petitionem dicti presbiteri presentes litteras inde factas prefatis abbatisse et conventui sigilli curie Suessionensis tradidimus impressione munitas.

Datum et actum anno Domini millesimo ducentesimo septuagesimo primo, mense januario.

Page 50, an 1271.
N. 37.

Pierre Bonnart, curé de Rosel, au diocèse de Soissons, vend pour onze liv. parisis, à l'église de Morienval, un muid de blé de revenu annuel, à la mesure de Morienval, qu'il perçoit à Béthencourt.

LXXII.

LETTRES DE L'ACHAT D'UN MUI DE BLÉ QUE MESSIRE PIERRE BONNARS AVOIT CHACUN AN A BETTENCOURT.

Omnibus presentes litteras inspecturis *Milo*, miseratione divina Suessionensis Ecclesie minister humilis, salutem in Domino. Notum facimus universis quod coram nobis in jure propter hoc per-

Page 52, an 1273
N. 38

Milon, évêque de Soissons, confirme la vente que Pierre, dit Bonnart, de Morienval, curé de Rosel, avait faite aux religieuses de Morienval d'un muid de blé de revenu à prendre sur leur grange.

sonaliter constitutus dominus *Petrus* dictus *Bonnars* de *Morgneval* presbiter curatus de *Rosello* nostre diocesis vendidit imperpetuum et concessit ac quitavit et recognovit se vendidisse et concessisse ac etiam quitavisse bone et legitime religiosis mulieribus abbatisse et conventui monasterii beate *Marie Morgnevallis* ejusdem nostre diocesis unum modium bladi ad mensuram *Morgnevallis* annui et perpetui redditus et hereditate ipsius presbiteri, quem modium bladi dictus presbiter venditor ejusdem percipiebat et habebat annuatim jure hereditario in grangiis dictarum abbatisse et conventus, ratione cujusdam serganterie feodate quam dictus presbiter a predictis abbatissa et conventu jure hereditario possidebat quam etiam serganteriam cum dicto modio bladi annui redditus debitu ratione dicte serganterie dicto presbitero annuatim. Idem presbiter per eadem predictam venditionem cessit et quittavit dictis religiosis imperpetuum coram nobis cum omni jure domanio, proprietate, possessione et actione qualicumque quas et que idem presbiter qualibet ratione habebat et habere poterat ac debebat in dictis serganteria et modio bladi ejusdem pro pretio undecim librarum parisiensium de quibus idem P. presbiter recognovit coram nobis sibi esse a dictis religiosis plenarie satisfactum in pecunia numerata in rem et utilitatem ipsius presbiteri conversa. Cedens et concedens predictus presbiter prefatis abbatisse et conventui omne jus domanium proprietatem possessionem et quamlibet actionem que et quas idem presbiter habebat quoquo modo in serganteria et modio bladi predictis mediante pretio supra dicto. Et promittens idem presbiter fide et juramento in verbo Domini coram nobis prestitis ab eodem quod contra dictas venditionem, quittationem, cessionem ac satisfactionem non veniet per se vel per alios ullo modo et quod nec artem queret nec ingenium per quam vel per quod predicte abbatissa et conventus supra premissis vel aliquo premissorum possint aut debeant imposterum molestari vel aggravari seu in causam trahi coram aliqua justitia ecclesiastica vel seculari.

Immo sub dictis fide et juramento promisit idem presbiter coram nobis quod ipse suis sumptibus de premissis sic venditis et de quolibet premissorum legitimam ad usus patrie et consuetudines predictis religiosis et earum in hiis locum tenentibus portabit garandiam contra omnes de hiis superius expressis in toto vel in parte juri et placito parere nolentes, itaque si per defectum dicte garandie vel per contrarium factum dicti presbiteri obviantis aliquibus conventionibus supra dictis contingeret deinceps dictas religiosas per se vel per earum mandatum incurrere aliqua dampna vel facere aliqua custamenta, idem presbiter omnia dicta dampna et custamenta predictis religiosis vel earum mandato reddere teneretur et etiam eis vel earum procuratori supra hiis dampnis et custamenti credere solo simplici juramento absque alia probatione et ad omnia premissa irrevocabiliter tenenda et adimplenda idem presbiter coram nobis obligavit omnes heredes ac successores suos presentes et futuros ac etiam omnia bona sua mobilia et immobilia presentia et futura, supponens se, quantum ad premissa, nostre jurisdictioni ubicumque contingat, ipsum de cetero se transferre ac renuntians in hiis omnibus coram nobis sub juramento et fide predictis penitus et expresse exceptioni non numerate pecunie predicte, non sibi tradite, non solute nec in ejus utilitatem converse, exceptioni illi qua subvenitur deceptis ultra dimidiam justi pretii vel juste estimationis, privilegia fori beneficia et omnibus aliis exceptionibus deceptionibus et rationibus tam facti quam juris canonici et civilis que sibi vel suis heredibus aut successoribus possent et deberent deinceps competere et prodesse et dictis religiosis vel earum mandato obesse in aliquo vel nocere ad elidendum seu revocandum aliqua de premissis. In quorum omnium testimonium et munimen presentibus litteris de voluntate dicti presbiteri ac dictarum religiosarum confectis supra premissis sigillum nostrum duximus apponendum. Datum et actum pluribus presentibus et ad hec in testimonium evocatis anno Domini millesimo ducentesimo septuagesimo tertio, mense januario.

LXXIII.

DROIT D'ÉLECTION REVENDIQUÉ.

Illustrissimo viro, *Philippo* dei gratia regi *Francorum* suo domino reverendo. A. . . . . . . *priorissa* beate *Marie Morgnevallis*.... Totusque ejusdem loci conventus... Orationes humiles et devotas... Cum per mortem religiose mulieris *Guiburgis* quondam abbatisse nostre, ecclesia nostra sit solutione destituta, vos rogamus humiliter et devote quatinus per Arnulphum clericum et fidelem vestrum latorem presentis in nobis licentiam eligendi concedere velitis.

Datum anno Domini M° CC° septuagesimo quinto die Martis ante festum beati Dyonisii.

8 mai 1275.

Arch. imp., S. 344, N° 60

Copie du sceau p. 1417 et suivant.

De petita licentia eligendi in monasterio Mornevallis.

Sceau de Guibourde, abbesse de Morienval.

Contre-sceau.
AVE MARIA GRATIA PLENA.

LXXIV.

ACCORT ENTRE L'ÉGLISE DE MORIENVAL ET ROGER DE PALASNE.

A tous ceulx qui ces présentes lettres verront et orront. *Roger de Palasne*, chevalier, Regnaulx à ce temps presbstre curez de Montegny, Isabelle de Roissy, femme jadis Thomas du Dou Moyen, escuyer, et Regnaulx de Roissy escuyer, fils d'icelle Ysabel, salut en Notre-Seigneur. Nous faisons assavoir à tous que comme discors fut entre nous *d'une part* et les religieuses dames, l'abbesse et le couvent de Morgnienval de *l'autre part*. Sur ce que nous disions et affirmions que les devant dictes abbesse et couvent avoient chascun an à tousjours le neufvienne en la disme sainct Martin de Roissy en bled et en avainne tant seulement. Et elles disoient et affirmoient à l'encontre quelles avoient, lever, penre, avoir debvoient en la dicte disme le neufviesme pour tout. C'est assavoir en blé, en avoinne, en pois, en fesbves, en vesches, en estrains et en feures et en toutes autres choses qui pouvoient et debvoient yssir et venir pour

Arch. imp. d'Orléans F° 1276.

Transaction entre Roger de Palasne, chevalier, Regnaut, curé de Montigny, Isabelle de Roissy, veuve de Thomas du Moyen, écuyer, et Regnault de Roissy, écuyer, fils d'icelle Isabelle, et les religieuses de Morienval.

raison de la dicte disme chascun an et à tous jours, si comme elles disoient à ceux qui la vérité n'en savoient et le savoir en devoient, nous accordames à elles et leurs recognoissances et recognoissons que cé qu'elles disoient estoit vérités et qu'elles avoient le neufviesme et avoir devoient et prendre et lever chascun an et à tous jours en la dite disme partout et en toutes choses sont autres sauf comme elles les disoient et proposoient en la magnière devant dite et ad ce nous nous sommes octroyé et octroions et ad ce tenir, nous obligeons, nous, nos hoyrs et nos successeurs à tousjours et les dites abbesse et le couvent se sont accordées en la magnière que cy après enssuit. C'est assavoir que ce nous trayons ou traire faisions la dite disme à nos chevaulx, à nos charrettes, et à nos sergents nous deverons prendre et lever et avoir le redisme de tous les biens de cette disme sans contredict d'elles et elles, par ce, seront quitte de tout ce que ladite disme averoit cousté à traire fors du loyer de la granche duquel elles doibvent partir les neufviesme et partiront les dites abbesse et le couvent et partir deveront et doibvent partout au remenont si comme dessus est dict nous deverons prendre le serment des sergens que ladicte disme quenont, le veront receveront et garderont que il la partie aux demanderesses abbesse et couvent et toute la disme devant dicte leur garderont sincèrement et loyaument autre saut comme la nostre propre partie sans dommage faire à elles et pour ce que ce soit ferme chose et estalle, nous Rogert chevaliers, Regnaux presbstre, Ysabel de Roissy et Regnaux escuyers devant dicts avons baillé et octroyé aux demanderesses, abbesse et couvent ces présentes lettres scellées de nos propres sceaux. Ce fut faict en l'an de l'incarnation Nostre-Seigneur mil deux cens soixante-seize ans au mois de Mars le jour de Mardy en lendemain de feste sainct Aulbin.

LXXV.

LETTRES DE MONSEIGNEUR DE VALOYS DE L'AMORTISSEMENT DE PLUSIEURS HÉRITAGES.

Page 29, an 1294.
N. 17

Quittance donnée aux religieuses de Morienval par Charles, comte de Valois, des droits d'amortissement des biens qu'elles avaient acquis depuis quarante-huit ans ou deçà.

A tous ceux qui ces presentes lettres verront et orront.

Kalles, filz de *roy de France*, conste de Valoys, d'Alençon, de Chartres et d'Anjou, salut en Notre-Seigneur.

Sachent tuit que nous avons eu et receu de Religieuses Dames l'abbesse et le couvent de l'Église Notre-Dame de *Morgneval* pour les aquès et pour les aumosnes qui ont été acquestées et aumosnées à ladite Église depuis quarante et wit ans enença, soissantes et diz et neuf livres de Paris. C'est assavoir pour les pièces de terre ci-après nommées.

Premièrement : 3 arpents de terre au sentier de Favarches.
    Item. 2 arpents à la Foisselles.
    Item. arpents 1/2 ou champ des Matines.
    Item. en ce même lieu, un quartier.
    Item. ou Val le Majeur, 1/2 arpent.
En Guenguai, 1 arpent.
En Félis, 3 quartiers.
Ez Avesnes, 1 quartier.
A la Croix Renart, 1 arpent,
En Grineval, 1/2 arpent.

Au bu de lonc fou, 5 arpents.
Au bois sire Thiébaut, 3 arpents 1/2.
Item. En ce meesme lieu, 2 arpents 1/2.
En Fourcheval, 4 arpents et 1 quartier.
A la Ouache de Oroir, 7 quartiers.
A la Forestèle, 3 arpents.
Au sentier de Oroir, en deux lieus, 1 arpent.
Au sentier de Couture, 3 quartiers.
Au Chastele, 3 quartiers.
A la geule dou Val, 1 arpent.
Az Longues Hayes, 3 quartiers.
De seure la quarrière de Buy, 1 arpent.
A la voie de L'essart, 3 quartiers.
En Goirval, 3 arpents.
Au Pommier le Comte, 1 arpent.
A la viez loge, 2 arpents.
Au chemin de L'essart, 3 quartiers.
De Lez la Couture de L'essart, 1/2 arpent.
Au chemin Saint-Éloi, 1/2 arpent.
Item, De lez ce même chemin, 1/2 arpent qui tient à la cousture de L'essart.
Au bu de bouc fou, 2 arpents.
As deux crois, 1/2 arpent.
En Goirval, 1/2 arpent.
A la Forestele, 2 arpents.
Au chemin de *Bovel*, 1 arpent.
En Fourcheval, 2 arpents.
Au mont de Buy, 1 arpent.
Au lonc fou, 2 arpents et 22 perches.
Dont li ans [1] que cele terre fu achetée n'est mie encore passez et la puent li ami retraire per la bourse.
A la voie de Pierrefons, 1 arpent.
A la voie de Saint-Éloi, 3 arpents.
A Ardillon, 1 arpent.
Au mont de Bétencourt, 3 quartiers qui furent *Jehan le Mannier*.
Item. 1 quartier mouvant de Messire Gille d'Ourmóy.
Item. 1/2 quartier de Courtil.
Item. Mares pour semer un boicel de linuise [2].
Item. à Betencourt, le 1/3 d'un arpent de vigne a Lonc-Mesnil, 2 quartiers de vigne.
En chante pie, 1 arpent.
Ez ruelles, 5 quartiers.
Item une maison qui fut monseigneur *Jehan Elin*

[1] Terme d'un an.
[2] Graine de lin.

Item maisières cheves¹ tenans à ladite église².

Item une maison delez le clos de la place.

Item une maison à la Grange-au-Mont.

Item une maison séant devant la maison qui fut Philippe Monnart.

Item un muid de vin moitié blanc, moitié rouge.

Item un quartier de pré tenant au ru sire Thiébaut.

Item de Elin de Gilocourt, clerc, wit soulz parisis sur la maison *Jehan Petit* mari ou cleuz³ de Gilocourt. De monseigneur Jehan Elin vint soulz parisis seur la mazure Ermengart la souparde de Betencourt et les hoirs Widre Lasniere de Betencourt.

Item de iceli monseigneur *Jehan* deuz soulz parisis seur la maison Jehan Tartier de Betencourt.

Item de Étienne de Richebourt quatre soulz parisis sur la maison Ermengard la bele.

Item de Ermensent, la chevalière, 4 soulz parisis seur une maison à la Grange-au-Mont: de Robert le Bouchier, Pierre Foncart et de Gueri de Morgneval six soulz parisis.

Item en Goirval, 3 quartiers de terre qui furent Chevalier.

Item en ce même lieu un quartier qui fut Helys chante pie.

Item au chemin de Lessart, 1 arpent,

Item az essars, 1 arpent.

Item au boz, 1/2 quartier qui fut Rainbout Duval.

Item au mont de Bui, arpen 1/2 qui fut suer Ysabel.

Item au mont de Bui, arpent 1/2 qui fut suer Ysabel.

Item au champs des Matines, 1 quartier.

Et pour toutes ces choses ci-desseur dénommées avoir fermes et estables, je Challes devant diz ai scellé ces présentes lettres de mon propre seel. Ce fut fait en l'an de grâce mil deux cens cens quatre-vins et quatorze ou mois de septembre.

LXXVI.

LETTRES DE L'ACHAT D'UNE MAISON SÉANT A VATERVOISIN.

Page 18, an 1308.

N. 8.

Philippe de Bonneuil, fils d'Oudast, et sa femme Marguerite, vendent aux religieuses de Morienval leur maison située à Watervoisin, au lieu dit Goindinval, et une vigne pour 250 liv. parisis monnaie forte, remise faite pour les égouts des dites maisons.

A touz ceux qui ces présentes lettres verront et orront. *Philipes* diz de *Arras de Crespi*, clers a ce temps garde du grant seel de la Prevôté de Crespy en Valois establis et ayans plain povoir de oir et recevoir toutes manières de convenances et de accors de par notre seigneur le Comte de Valoys, salut en notre Seigneur. Sachent tuit que pardevant nous pour y ce faire et accorder vindrent en leurs propres personnes, *Philipes* de *Bonnuel*⁴ clers, fil jadis diffunet Oudart de *Watervoisin* clerc et *Marguerite* femme dudit *Philipe*, de l'auctorité et du congié ledit Philipe son mary qui povoir congié et auctorité li donna parde-

---

¹ Cloisons avec chevels.

² *Item*, une mazure en les batémens de l'église.

³ Clos.

⁴ Bonneuil-sur-Oise, canton de Crépy (Oise).

vant nous de ce faire et recognurent et affermèrent en droit pardevant nous, conjointement ensamble et singulièrement de leur bonne volenté non contraint, eulz avoir vendu par loyal vente faite a touz jours perdurablement, et sans rapel quittié et choié, du tout en tout et delaissié a religieuses dames, l'abécsse et le couvent de l'église notre dame de *Morgneval* toutes les maisons qu'ils avaient séans a *Watervoisin* ou lieu que l'en dit *Engoindainval* [1] avecques un courtilet un prael tenans et appendans az dites maisons de lonc et du le, si comme les maisons devant dites et li courtiex et li praiaus dessus dis se comportent et tiennent, les maisons devant dites et li courtiex et li praiaus dessus nommés au grant chemin de la ville de *Watervoisin* d'une part et durent du lonc jusques à une étable qui est az dis vendeure tenant au pignon de dessous des maisons devant dites et du lez a la court desdiz vendeurs d'autre part. Item : une pièce de vigne si comme elle se comporte de lonc et de li tenant au courtil et au prael devant diz et a lestable devant dite et az estables et au pignon de la grange *Jehan* dit de Buy d'une part, et de l'autre lez à la vigne les dites religieuses que l'on appelle le cloz l'abesse de *Morgneval* a *Watervoisin* d'autre part, et venant du lonc au chemin dessus dit d'une part et d'autre du lonc jusques az marès qui est az dis vendeurs qui muet de l'Église de saint *Arnoul* de Crespi et muevent les maisons, li courtiex, li praians et la piece de vigne dessus dites de la Seignourie az devant dites religieuses, si comme li dit vendeur disoient et est assavoir que li degous des maisons devant dites pardevers la court devant dite cherront a touz jours sans debat et sans empeschement en celle meesme court et averont les dites religieuses et leurs commandemens des ore en droit a touz jours leur voie paisiblement et sans debat par la porte ou par le potis [1] et pour la cour des dits vendeurs pour porter eschieles et toutes autres choses qui sont et seroient nécessaires à couvrir et a rapareller les maisons devant dites et pour raporter les eschieles devant dites et tout ce qu'il en convenroit et plairoit a rapporter toutes fois et quantes fois il plaira az religieuses devant dites sans empeschement et se il avenoit que cius *Philippes* et sa femme ou leurs hoirs ou cil qui aroient cause de euls faisoient ou temps a avenir mur ou closure que le fust ou maison en droit les maisons devant dites. Cil qui ainsin converroient larroient du lonc de tout le laires des maisons devant dites. Quatre piez de lè main pie de la court devant dite, pour recouvrir les degous et pour porter et raporter eschieles et les choses necessaires a recouvrir et a rapareller les maisons devant dites. Si comme il est dessus dit et lairoient ou mur ou en la closure devant dites lieu wit [2] ou non clos pour aler et pour venir en l'espace des quatre pieds dessus diz et pour porter et pour raporter eschiez et tout ce que mestiers seroit à la couverture à la reparation des choses dessus dites, salve la voie az dites rsligieuses a aler et venir par la porte et pour [3] le potis dessus dit pour les choses devant dites frire si comme il est devant devisié, et est assavoir que li wis [4] et les fenêtres qui sont ez maisons devant dites ou costé pardevers la court devant dites seront estoupées et maissonnées exceptez deux fenestres a un moien [5] qui sont au pignon qui tient a l'estable desdits vendeurs a la fin de dessous les maisons devant dites, laquele vente et est faite si comme li dit vendeur disoient pour le prix de douze

---

[1] Postis, *posticium*, poterue, petite porte.
[2] Vide, *vacuus*.
[3] Par.
[4] Huis, *ostium*.
[5] Medio.

vins et dis livres de Paris de forte monnoie leur [1] quittez jà paiez et livrez a eulz si comme il cognurent les dites religieuses en bonne monnoie sans nul deffaut, et dont ils se tiennent pour paié tout aplain et pardevant nous et en quittèrent les dites religieuses et ceulz qui aront cause de icelez bonnement et a touz jours sans rapel et recognurent encore li dit vendeurs pardevant nous que de tous hirétages vendus ci dessus se estoient-il devestu et dessaizi en la main des dites dames tres foncieres par title de vente et que il en avoient fait revestir et mettre en saisine les dites religieuses paisiblement transportans et mettans li dit vendeurs pardevant nous du tout en tout es dites achateresses et en ceulz qui aront cause d'iceles par le bail de ces presentes lettres tout le droit, saisine, seignourie, propriété, possession et toutes les actions réeles et personeles que il avoient et povoient avoir en tous les hirétages ci dessus vendus par quelconque cause que ce soit, sans riens retenir pour eulz ne pour leurs hoirs et promittrent li dit vendeurs pardevant nous et chascuns par son loyal créant et seur amende que contre la vente les quittances dessus dites et les accors devant dis ne venront ni venir ne feront par droit de hirétage de succession de pere et de mere ou d'autres charniex amis par raisón de conquest, de douaire, don de noces, ne par nul autre droit que ce soit, ait esté et peust être commun ou especial anul jour ainçoins desore mais en avant. Les hirétages dessus diz vendus, les dites quittances et les accors dessus dis tenront garderont accompliront et en porteront bonne garandise et loial et chascuns pour le tout, az devant dites religieuses et aceulz qui aront cause de iceles a touz jours envers touz et encontre touz en jugement et hors jugement a leurs propres cous et despens et renderont toujours damages et despens se aucuns en y avoit en ce pourchacier par leurs deffaut des quiex li porteres de ces presentes lettres sera creus par tout par son simple sairement sans autre preuve faire encontre et quant a ce tenir garder faire et accomplir en obligèrent devant nous li dit vendeurs et laissierent pour obligiez tous ensemble et chascuns par soi et pour le tout envers les dites religieuses leurs eglise et ceuls qui aront cause de iceles et sousmittrent à la jurisdiction de la Prevoté de Crespi et en quelque détroit il se transportent et soient demourants sans autre seigneur avouer ne requerre pour eulz ne pour leurs hoirs leurs cors a mettre et a tenir en prison fermée de par notre seigneur le Conte leurs hoirs touz leurs biens et les biens de leurs hoirs muebles et non muebles presens et a avenir quiex, que il soient et quelque part que il soient a penre saisir et detenir par tout vendre et despendre de par notre Seigneur le Conte ou de par quelque justice il plairoit miex au porteur de ces presentes lettres pour enteriner le fait de ces presentes lettres se deffaute y avoit et renoncierent li dit vendeur par devant nous conjointement ensamble et singulierement pour eulz et pour leurs hoirs en y ce fait expressement a touie ayde de droit de fait de canon et citoyen a exception de fraude, de mal, de circonvention et de deception, a ce que il autre pour eulz ou de par eulz ne puissent pas dire que force ne fraude aient été faites es choses dessus dites ou en aucune de iceles ne que il ait été autrement fait que ci escript ne que ils aient été bleciez ne deceus en la vente dessus dite outre la moitié de juste prix a tous privileges de crois a toutes graces et indulgences donneez et a donner de quelque personne a tout droit escript et non escript et coustume de terre et de païs au bénéfice de restitution de *velleyan* de division au droit qui dist que general renontiation ne vaux riens et a toutes autres raisons exceptions et actions peremptoires et dilatoires de droit et de fait qui a eulz et a leurs hoirs porroient valoir et aidier contre ces presentes

[1] Alors.

lettres a détruire le fait qui y est contenus. En tesmoing de ce, nous, a la requeste des dis vendeurs avons selleez ces presentes lettres dudit grand seel et nous Jehans diz Gales de Venderes [1], à ce temps prevos portans le seel petit de la dite Prevosté a nous de notre office, a la relation dudit Philippe en tesmoing de ce mès en ces presentes lettres ledit petit seel avecques ledit grant seel sauf le droit notre seigneur le Conte et l'autrui.

Ce fu fait en l'an de grâce mil trois cent et wit au mois de mars le mercredy devant Pasques flories [2].

LXXVII.

LETTRES DOU ROY QUE ON PUIST METTRE EN LA FOREST TRENTE POURCIAUX.

Phillipus dei gratia *Francorum Rex*. Notum facimus universis tam presentibus quam futuris quod nos religiosis mulieribus dilectis nostris in Christo abbatisse et conventui monasterii *Morgnevallis* divine pietatis intuitu ob nostre clare memorie *Johanne* quondam *Francie* et *Navarre* regine consortis nostre karissime ac predecessorum nostrorum animarum remedium et salutem, duximus concedendum quod ipse singulis annis omni quetempore, tempore fetuum duntaxat excepto, in foresta nostra Cuisie. Triginta porcos ponere positos quetenere et habere liberos et immunes a prestatione cujuscumque panagii vel coustume imperpetuum valeant pacifie et quiete. Dantes custodibus et servientibus foreste predicte modernis et qui pro tempore fuerint tenore presentium in mandatis ut religiosas predictas de cetero presentis concessionis nostre gratia omni impedimento cessante, permittant absque alterius mandati expectatione gaudere. Salvo in aliis jure nostro et in omnibus quolibet alieno. Quod ut perpetue stabilitatis robur obtineat presentes litteras sigilli nostri fecimus impressione muniri. Actum Parisiis, anno domini millesimo trecentesimo octavo, mense februario.

Page 27, an 1308.

N. 14.

Lettres de Philippe le Bel, roi de France, accordant aux religieuses de Morienval l'autorisation d'envoyer paître trente porcs dans la forêt de Cuise, excepté les jours de été.

LXXVIII.

LETTRES DE NUEF MINES DE BLÉ CHASCUN AN A SAINT-PIERRE A AILE.

A tous ceus qui ces presentes lettres verront et orront. Robers diz de *Chambaudon* clers a ce temps garde du seel de la prevosté de *Pierrefons* et Adans diz *Hibous de Crespi* clers tabellions jurez de par notre Le Roy ez lettres de ladite prevosté, et du ressort d'icelle salut en notre Seigneur. Sachent tuit que pardevant nous comme pardevant justice pour yce faire et accorder vindrent en leurs propres personnes. *Henris* diz du *Moion de Roissi* lez *Waumoise* [3] escuiers et damoisselle *Jehanne* sa femme de l'auctorité et du congié le dit *Henri* son mari qui povoir congié et auctorité li donna pardevant nous de ce faire et recognurent et affermerent en droit pardevant nous conjointement ensemble et singulierement de leur bonne volenté non contraint, que il doivent et sont tenus tous ensamble et chascuns par soi et pour le tout a religieuses

Page 13, an 1311.

N. 6.

Acte de cession faite par Henri dit du Moion de Roissi-lès-Vaumoise, écuyer, de neuf mines de blé de rente perpétuelle assis sur certaines terres.

---

[1] Venderre (Aisne), arrondissement de Château-Thierry, canton de Charly ou Vaudières (Marne), arrondissement de Reims.

[2] Le dimanche des Rameaux.

[3] Russy-Le-Mont, près Vaumoise (Oise), canton de Crépy.

Dames l'abbesse et le couvent de l'église de notre dame de *Morgneval* de l'ordre de St Beneoit en la diocese de Soissons et a leur ditte eglise, en nuef mines de blé chacun an de annuel et perpetuel rente a la mesure dou jardin de St Pierre à Aile [1] laquele annuele et perpetuele rente est assise seur les terrages que li dit detteur ont acheté à tous jours si comme ils disoient à Robert le Baulier dudit jardin et à Guillaume son frere seans au terrouir dudit jardin mouvants en Fié de Robert de Ruissians escuier et de laquele annuele et perpetuele rente les dites religieuses et leur Église avoient été et estoient en bonne saisine paisible du penre et du recevoir comme la leur et leur droit et de si lonc temps qu'il n'est memoire du contraire par don fait ou de lais a eles et a leur dite eglise perpetuelement si comme il est contenu par lettres lesqueles les dittes religieuses et leur église ont pardevers eulz si comme le dit detteur disoient, laquele rente perpetuele le dit detteur promittrent pardevant nous par leurs loians creans a rendre et a payer entierement et chascuns pour le tout et seur amende as devant dittes religieuses et a leur Église ou au porteur de ces presentez lettres de par eulz sans autre procuration porter ne demander de eulz a leurs message ou a leur mandement chascun an perpetuellement du blé des terrages dessus dis au jour de Noël et avec ce tous cous damages et despens se aucuns en y avoit en ce pour chacier par leur deffaut des quies li porteres de ces presentes lettres sera creus par tout par son simple sairement sans autre preusve faire en contre. Et quant à ce tenir garder faire et a emplir fermement et entierrement et non contrevenir, en obligierent devant nous li dit detteur et laissièrent pour obligiez tous ensemble et chascuns par soi et pour le tout envers les dites religieuses leur eglise et le porteur des presentes lettres de par eles et sous mistrent à la jurisdiction de ladite prevosté et en quelque destroit ils se transportent et soient demeurant sans autre seigneur avouer ne requerre pour eulz ne pour leurs hoirs, leur cors a mettre et a tenir prison fermée de part notre seigneur le Roy. Leurs hoirs tous leurs biens et les biens de leurs hoires muebles et non muebles presens et a avenir quelz que il soient et puissent estre trouvé et especiaulement les terrages devant ditz seur lesquels la devant dite annuele et perpetuele rente est assise a penre saisir et detenir partout vendre et despendre de par no Seigneur le Roy ou de par quelque justice il plairoit miex au porteur de ces presentes lettres le dit général ains que l'especial ou l'especial, ains que le général que il plaira miex au porteur de ces presentes lettres pour enteriner le fait de ces presentes lettres, se deffaute y avait et renoncierent le dit detteur pardevant nous pour eulz et pour leurs hoirs et pour ceux qui aront cause de eulz en y ce fait expressement a toute ayde de droit de fait de canon et cytoien, a exception de fraude de mal circonvention et de deception a ce que il ne autres pour eulz ne puissent pas dire que il y ait esté autrement fait que ci est escript, a touz privileges de crois [2], a toutes graces et indulgences donneez ou à donner de quelque personne, au bénéfice de restitution de velleyan de division a tout droit escript et non escript et coustume de terre et de pais et a toutes autres raisons exceptions et actions de droit et de fait qui ci ne sont expressées lesquelez il eurent et ont pour expresséez qui a eux et à leurs hoirs pourroient valoir et aidier contre ces presentes lettres a destruire le fait qui y est contenus. En tesmoing de ce, nous a la requestre desdiz detteurs avons seelleez ces présentes lettres de seel de la dite prevoté et du seel au dit tabellion sauf le droit noseigneurs le Roy et l'autrui ce fu fait en l'an de grace MCCCXI au mois de septembre le vendredy devant fête Notre Dame.

[1] Saint-Pierre-Aigle (Aisne), canton de Vic-sur-Aisne.
[2] De Croisade.

LXXIX.

LETTRES DOU BOS SEC ET VERT ET DOU BOS SEC QUI EST DROIZ.

Philippus dei gratia *Francorum Rex*. Notum facimus universis tam presentibus quam futuris quod nos divine pietatis intuitu et ob nostre predecessorumque nostrorum ac inclite memorie *Johanne* quondam *Francie* et *Navarre* regine consortis nostre karissime animarum remedium et salutem abbatisse et conventui beate *Marie Morgnevallis* ac ecclesie earumdem tenore presentium concedimus quod ipse in locis omnibus forestarum nostrarum in quibus ipse per punetum carte habent usagium possint boscum siccum vel viridem qui ad terram ceciderit et boscum siccum supra pedem et stantem in pede tam pro ardere earumdem quam pro edificando habere, levare et deportare imperpetuum pacifice et quiete. Nolumus tamen quod numerus quadrigarum quas ipse religiose habent in dictis forestis pro earum usagio propter hoc quomodolibet diminuatur vel etiam augmentetur. Quod ut firmum et stabile permaneat in futurum, presentibus litteris fecimus apponi sigillum nostrum, salvo in aliis jure nostro et quolibet in omnibus alieno. Actum in abbatia beate *Marie Regalis*, anno Domini millesimo trecentesimo duodecimo, mense julio.

Page 28, an 1312.
—
N. 15.
—
Lettres du roi Philippe le Bel accordant aux religieuses de Morienval l'autorisation d'enlever les bois sec et vert de chauffage, et un char de bois pour bâtir chaque année.

LXXX.

LETTRES DE L'ACHAT DES DISMES DE GLAIGNE.

A tous ceux qui ces presentes lettres verront et orront. *Symons de Sarmoise* [1] à ce temps prevos de *Crespi* en *Valois* et *Guillaumes* diz Yaue crasse bourgeois de *Crespi*, a temps garde dou grant seel de ladite prevosté de par notre Seigneur le Conte de *Valois*, salut en notre Seigneur. Sachent tuit que pardevant nous comme pardevant justice pour y ce faire et accorder vindrent en leurs propres personnes, *Pierre diz de Fayel* escuyers et damoiselle *Agathe* sa femme demourans a ce temps a Glangne [1] et li quex *Pierre* donna congié povoir et authorité devant nous de ce faire, et recognurent et affermerent en droit pardevant nous de leurs bonne volenté non contraint que il, pour leur commun pour fit, avoient et ont vendu par loial vente faite a touz jours perpetuellement et sans rapel quittée octroyé du tout en tout et de laissée a religieuses dames et honestes l'abbeesse et le couvent de l'eglise de Notre-Dame de *Morgneval* en la diocèze de Soissons. C'est a scavoir tout le droit, l'action, seignourie et propriété que il avoient et povoient avoir en une dixme laquele siet a Glaigne si comme ils disoient et laquele disme partit a ladite abbeesse et au couvent et muet de ladite abbeesse et couvent a trois deniers neres [2] de cens, paians chascun an : laquele vente fu et est faite pour le prix de vint livres parisis fors lars quittez ja, payez et livrés az diz vendeurs en bonne monoie sans nul deffaut et dont ils se tindrent pour bien payez tout aplein pardevant nous et en quitterent ladite acheteresse et

Page 22, an 1313.
—
N. 9.
—
Pierre de Fayel, écuyer, et Dame Agathe, sa femme, vendent à l'église de Morienval la dîme de Glaigne où ils restaient, pour 20 liv. parisis fortes.

---

[1] Sarmoise, canton de Braine (Aisne).
[2] Glainnes, canton de Braisne (Aisne).
[3] Noirs.

le couvent et toux ceus qui poiroient avoir cause de eulz bonnement à touz jours et sans rapel et recognurent encore li dit vendeurs que de la disme et de tout le droit que il y avoient et povoient avoir il s'en estoient devestu et dessaisi en la main de ladite abbeesse et couvent comme tresfonciere et encore s'en dessaississoient-il en notre main comme en main souveraine et que ladite abbeesse et couvent en fussent saisi et revestu tant par leur main comme par le bail de ces presentes lettres et par title de vente et promittrent le dit vendeur pardevant nous par leur loial creant et chascun pour le tout et seur amende que contre la vente et quittance devant dite ne venront ne venir ne feront ne debat ne empeschement, nul ni mettront ne ne feront mettre par eulz ne par autre par nul droit de hiretage de succession de pere ou de mere ou d'autre charnex amis par raison de conquest, de douaire, de don de noces ou d'autre part nul droit que ce soit puist estre ou ait esté commun ou especial a nul jour. Aincois des ore mais en avant, ladite vente et quittance devant dite tenront, garderont, delivreront et en porteront bonne garandise et loial a ladite abbeesse et a ceus qui aront cause de li et dou couvent a touz jours envers tous et contre tous et avec ce ils rendront tous cous, dommages et despens se aucuns en y avoit par deffaut de leur garandise, des quiex et dont ils se tindrent bien payez tout a plein pardevant nous et en quittèrent ladite acheteresse et le couvent et touz ceux qui poiroient avoir cause de eulz bonnement à touz jours et sans rapel, recognurent encore li dit vendeurs que de la disme et de tout le droit que il avoient et povoient avoir il s'en estoient devestu et dessaisi en la main de ladite abbeesse et Couvent comme trefonciere et encore s'en dessaississoient-il en notre main comme en main souveraine et que ladite abbeesse et Couvent en fussent saisi et revestu tant par leur main comme par le bail de ces presentes lettres et par title de vente et promittrent ledit vendeur pardevant nous par leur loial creant et chascuns pour le tout et seur amende que contre la vente et quittance dite ne venront ne venir ne feront ne debat ne empeschement nul ni metteront ne ne feront mettre par eulz ne par autre par nul droit de hiretage de succession de pere ou de mere ou d'autre charnex amis par raison de conquest de douaire de don de noces ou d'autre par nul droit que ce soit puist estre ou ait esté commun ou especial a nul jour. Aincois desore mais en avant ladite vente et quittance devant dite tenront, garderont, délivreront et en porteront bonne garandise et loial a ladite abbeesse et a ceux qui aront cause de li et dou Couvent à touz jours envers tous et conte tous et avec ce ils rendront tous cous damages et despens se aucuns en y avoit par deffaut de leur garandise des quiex li porteres de ces lettres sera creuz par tout par son simple sairement sans autre presve faire en contre et quant à ce qui est devant dit tenir garder acomplir et non contrevenir en obligerent devant nous li dit vendeur et laisserent pour obligez et chascuns par le tout envers les dits acheteurs ou le porteur de ces lettres et souzmistrent à la jurisdiction de la Prevoté de Crespi et en quelque destroit il se transportent et soient demourans sanz autre seigneur avouer ne requerre pour eulx ne pour leurs hoirs, leurs cors a mettre et tenir en prison fermée touz leurs hoirs, leurs biens et leurs biens de leurs hoirs muebles non muebles presens et futurs ou que ils soient et puissent etre trouvez tout a penre, saisir et arrêter pour tout vendre et despendre de par notre seigneur le conte ou de par quelque justice il plairoit miex au porteur de ses lettres pour enterriner le fait qui ci est contenus se deffaut y avoit, renonçans devant nous li dit vendeurs don tout en y ce fait expressement a toute aide de fait de droit de canon et citoyen a exception de fraude de mal circonvention à la vente devant dite non avoir été autrement faite, a tous privileges de crois à toutes graces donnez et a donner, au droit qui dit que general renonciation ne vaut rien et a tout ce qui leurs porroit valoir et aidier a destruire le fait qui ci est contenus. En tesmoing de ce, nous, à la requeste des dits vendeurs avons seelleez ces presentes lettres des seaulz de ladite Prevoté sauf tous droits. Ce fu fait en l'an de grace MCCCXIII le vendredy après la Trinité, au mois de juing.

LXXXI.

LETTRES DE NUEF ESSINS DE BLÉ A CHASCUN AN A SAINT-PIERRE A AILE.

A tous ceux qui ces presentes lettres veront et orront.
Jehans diz *Gudins* clers à ce temps, garde de seel de la prevosté de *Pierrefons* et Adans diz Li Bons de *Crespi* clers tabellions jurez de par no seigneur le Roy ez lettres de la dicte Prevosté et du ressort d'Icelle, salut en notre Seigneur. Sachent tuit que pardevant nous comme pardevant justice pour yce faire et accorder, vint en sa propre personne *Henris* diz du *Moion de Roissi* lès *Waumoise* et reconnut et afferma en droit pardevant nous de sa bonne volenté non contrains que il doit à religieuses dames l'abeesse et le couvent de l'église Notre Dame de *Morgneval* de l'ordre de saint *Benoist* en la diocese de *Soissons* et a leur dite église en nuef essins de blé chascun an de annuele et perpetuele rente à la mesure du jardin de Saint-Pierre a Aille [1] laquele annuele et perpetuele rente est assise seur les territages que li dit detteur a acheté a touz jours, si comme il disoit, a *Jehan du* jardin de Saint-Pierre à Aille et a damoiselle *Jehanne* sa femme seans ou terrouir Dujardin de Saint-Pierre a Aille et muevent en fié de *Robert de Ruissiaut* escuier, et de laquele annuele et perpetuele rente les dites religieuses et leur église avoient esté et estoient en bonne saisine paisible du penre et du recevoir, comme la leur et leur droit et de ci lonc temps quil n'est mémoire du contraire par don fait ou de laiz az dittes religieuses et a leur dite église perpetuellement si comme il est contenu par lettres, lesqueles les dites religieuses et leur Église ont par devers eulz. Si comme li diz *Henrys* pour li pour ses hoirs et pour ceulz qui aront cause de li ez devant diz terrages, promit pardevant nous par son loyal creant et seur amende a rendre et a paier entierement az devant dites religieuses et a leur Eglise ou au porteur de ces présentes lettres de par eulz, sans autre procuration, porter ne demander de eulz ou leur message ou a leur commandement, chascun an perpetuelement, du blé des terrages dessus diz au jour de Noël et avec ce tous cous damages et despens, se aucuns en y avoit en ce, pourchacier par son deffaut ou par le deffaut de ses hoirs ou de ceulz qui aront cause de li. Des quiex li porteres de ces presentes lestres ou le transcript souz seel qui porte foi sans autre procuration porter, sera creuz par tout par son simple fairement sans autre presve fuire encontre ne autre déclaration que dire frenchément la somme que il voudra jurer et quant à ce tenir garder faire et acomplir fermement et entierrement et non contre venir, en obligea pardevant nous diz *Henrys* et laissa pour obligiez pour li ses hoirs et pour ceulz qui aront cause de li envers les dites religieuses leur et le porteur de ces presentes lettres ou le transport de par yceles et sous mist a la jurisdiction de la dite prevoté en quelque destroit il se transporte et soit demourans sanz autre seigneur avouer ne requerre pour li ne pour ses hoirs son cors a

Page 15, an 1313.
N. 7.
Henri de Moion de Rossy reconnaît devoir aux religieuses de Morienval une rente annuelle de neuf essins de blé à la *Mesure de Saint-Pierre en Aile*.

---
[1] Saint-Pierre-Aigle.

mettre et a tenir prison fermée de par no seigneur le Roy, ses hoirs, tous ses biens et les biens de ses hoirs muebles et non meubles presens et a venir, quelque il soient et puissent être trouvez et especiaulement les terrages devant diz sur les quiez la devant dite rente annuele et perpetuele est assise, a penre saisir et detenir partout vendre et despendre de par no seigneur le Roy ou de par quelque justice il plairoit miex au porteur de ces presentes lettres ou le transcript sous seel qui porte foi. Le dit general ains que le especial ou l'especial ains que le general que il plaira miex au porteur de ces presentes lettres ou le dit transcript pour enteriner le fait de ces presentes lettres, se deffaute y avoit, et renonça li diz *Henrys* pardevant nous en yce fait expresséement a toute aide de droit, de fait, de canon et citoyen, à exception de fraude de mal de circonvention et de deception à ce que il, ne autre pour li, ne puist pas dire que il ait été autrement fait que ci est contenu, à tout priviléges de crois a toutes grâces et indulgences données et à donner de quelque personne, au benefice de restitution de velleyan, de division a tout droit escrit et non escrit et coustume de terre et de pais, pueent donner et a toutes autres raisons, exceptions et actions peremptoires et dilatoires de droit et de fait, qui ci ne sont expressées, lesqueles il a et ot pour expressées, qui a li et a ses hoirs et a ceux qui aront cause de li porroient valoir et aidier contre ces presentes lestres a détruire le fait qui y est contenus. En tesmoing de ce, nous, a la requeste du devant dit *Henri*, avons sellez ces presentes lestres du seel de la dite Prevosté et du seel audit tabellion, sauf le droit no seigneur le Roi et l'autrui. Ce fu fait l'an de grâce MCCCXIII, ou vendredy après la Trinité.

LXXXII.

LETTRES DE MONSEIGNEUR DE VALOYS DE L'AMORTISSEMENT DE PLUSIEURS HIRÉTAGES.

Page 31, an 1314.

N. 18.

Lettres de Henri, comte de Valois, portant reconnaissance de 64 liv. parisis dues par suite d'achats faits par l'église de Morienval.

Nous *Kalles* fils de Roy de France, comte de Valoys, d'Alençon, de Chartres et d'Anjou.

Faisons savoir à tous ceux qui ces presentes lettres verront et orront que a nos amez et féaux, Mgr Guillaume de Noe notre chevalier et Michiel Hardel notre baillif de Valoys commissaires establis de par nous en notre dite conté de Valoys a lever et recevoir les finances des acquerements fiez et francs fiez de personnes non nobles et pour finer avec les. . . . . et universites des acquerements faits en ladite Conté par quelconque cause que ce soit·Religieuses dames l'abbéesse et le Couvent de l'eglise Notre Dame de *Morgneval* pour certaines choses. . . . . dévisées acquises en noble fié ont finé à 64 liv. parisis. Lesquelles nous avons eus et reçues et nous en tenons pour bien payés.

C'est assavoir pour un quartier de terre au val de *Bourgon*.

Item pour 2 arpents de terre en Marchonval deseur Feniex.

Item pour 2 arpents au mont de Frainoy.

Item pour un arpent à la Voie Droite.

Item pour 3 arpents desseur la Fosse.

Item pour 2 arpents à la belle Maiziere desseur Betencourt.

Item 1 arpent au mont de Buy.

Item une maison et le courtil si comme il se comporte et 1/2 arpent de vigne ou environ de lez *Watervoisin* au lieu c'on dit *Guindeval*.

C'est assavoir 3 quartiers de vigne à Betencourt à plusieurs lieux.
Item un petit de courtil et de maison à Osteleu.
Item quartier 1/2 de vigne dessure Chante pie.
Item 1 courtillet à Bethancourt.
Item une maison à Verny.
Item 5 arpents de terre à la Forestele.
Item 2 arpents de lez le Pierge.
Item un arpent de lez la cousture de Leessart.
Item 1 arpent de lez le Pierge.
Item 1 arpent 1/2 de lez le Pierge.
Item 1 arpent entre les deux Ourmes.
Item 1 arpent vers le Pierge.
Item 1 arpent au sentier de Palaine.
Item 2 arpents 1/2 en Buainloeys.
Item 20 sols parisis de rente à Bethencourt en certains lieux.
Item 1 arpent de pré à Buy.
Item 3 quartiers ou environ de pré à Bethencourt.
Item 1 petit de pré de vigne et de Marès à la Fosse.

Laquelle finance nous volons loons et approvons. Et oetroyons que les choses dessus dictes soient et demeurent as dictes Religieuses à tous joursmais perpetuellement sans être pourforciéez par nous ne par nos successeurs de les mettre hors de leurs mains, ou de en faire autre finance ou temps à venir, et ce promettons nous à tenir fermement sans venir encontre. En tesmoin de laquelle chose nous avons fait mettre en ces présentes lettres notre propre seel qui furent faites en l'an mil trois cent quatorze au mois de septembre.

LXXXIII.

LETTRES DOU ROY QUE ON PUIST ENVOYER EN LA FOREST POULAINS, JUMENS, BUES, VACHES ET VEAULZ.

Philippus dei gratia *Francorum et Navarre Rex.* Notum facimus universis tam presentibus quam futuris quod nos dampna considerantes gravia que religiose mulieres abbatissa et conventus monasterii beate *Marie de Morgnevallis* in terrarum suarum foreste nostre Cuisie contiguarum fructibus qui per feras ipsius vastantur habuerunt hactenus substinere nec non attentis aliis quibus dicte religiose subjacent incommodis inopie compatientes earumdem religiosis ipsis pietatis intuitu ob nostre parentum que nostrorum animarum remedium et salutem concedimus de gratia speciali quod ipse earum que successores, pullos, jumenta, boves, vaccas et vitulos proprios earumdem ad depascendum in locis alte foreste nostre predicte possint singulis annis imperpetuum ponere et tenere libere et sine prestatione redibentie cujuscumque. Dantes presentibus in mandatis magistris forestarum nostrarum. Necnon dicte foreste nostre *Cuisie* custodibus et servientibus modernis et qui pro tempore fuerint ut dictas religiosas supra hoc non impediant nec impediri permittant. Quod ut ratum et stabile perpetuo perseveret presen-

Page 28, an 1319.

N. 16.

Lettres du roi Philippe le Long autorisant les religieuses de Morienval à envoyer paître leurs troupeaux, juments, poulains, bœufs, vaches et veaux dans la forêt de Cuise.

tibus litteris nostrum fecimus apponi sigillum. Actum apud Regalemlocum prope Compendium, anno Domini millesimo trecentecimo decimo nono, mense augusto.

LXXXIV.

LETTRES DES AMORTISSEMENTS DES AQUETS FAITS EN LA BAILLIE DE VERMANDOIS.

Page 38, an 1320.
N. 24.

Le Bailli de Vermandois déclare que chargé de saisir les biens que l'abbaye de Morienval aurait acquis depuis 50 ou 60 ans, il est résulté de l'enquête que tous les biens de ce monastère étaient de date plus ancienne.

A tous ceus qui ces presentes verront et orront. *Flourens de Jaus* demeurant à *Roye* garde de par le Roy dou seel de la baillie de *Vermandois* establis a *Roye*, salut. Sachent tuit que nous en l'an de grace mil trois cent et vint le jour de feste sainte Crois en septembre receumes les lettres de noble sage et puissant Monseigneur *Jehan* seigneur de *Saillenay*, chevalier le *Roy*, Bailli de Vermandois saines et entières contenans la fourme qui s'en sieut. *Jehans* sire de *Saillenay*, chevaliers le Roy, garde de la Baillie de Vermandois a *Flourens* de *Jaus* bourgeois de *Roye* commissaire sur le fait des acques des Églises et des acques fait des choses de fié tenues de personne non nobles establis par nous seur le fait dessus dit salut. Nous vous mandons et commettons que vous vous enfourmez diligemment des acques que l'église de *Morgneval* a acquis puis soissante ou cinquante ans en ça et lesdis acques tenez en la main du Roy notre seigneur et les hiretages que vous trouverez qui sont acquis avant le temps dessus dit ou qui seront de la fondation de l'église dessus dite delivrez à lad° eglise sans delay. Donné à Montdidier, le jour de la fête sainte *Crois* ou mois de septembre l'an de grace mil trois cent et vint.

Par la vertu desqueles Lettres nous avons enquis diligemment à plusieurs personnes anciennes dignes de foy examinéez et juréez estroitement, se ladite Église a rien acquesté puis le temps dessus dit, liquel nous dirent et tesmoignerent par leurs loyaus creans et sairements que non, pour coi a ladite Église nous delivrons et avons delivré tous les biens estans en la Prevosté de Roye dessus dite, appendans a icele Église. En tesmoing de ce, nous avons mis en ces presentes lettres ledit seel de la baillie establi à *Roye* sauf le droit le Roy et l'autruy. Ce fu fait le Mercredy après feste sainte Crois en septembre et en l'an dessus dit.

LXXXV.

LETTRES DE PROCURATION PAR DEVERS LE ROY POUR EMPETRER GRACE DE ÉLIRE ABEESSE EN CESTE ÉGLISE.

Page 39, an. 1323.
N. 25.

Demande au roi par les religieuses de Morienval pour obtenir la permission d'élire une abbesse au lieu et place d'Ælide d'Ertry décédée

Excellentissimo principi domino suo, domino *Karolo*, Dei gratia illustrissimo *Francorum* regi et *Navarre*, sue humiles et devote. *Johannes de Monte* priorissa totus que conventus monialium monasterii beate *Marie de Morgnevalle*, ordinis Sancti Benedicti Suessionensis diocesis cum sui recommendatione humili reverentiam et honorem et quicquid melius est salute in eo qui regibus dat salutem. Cum monasterium nostrum sit ad presens abbatisse regimine destitutum per mortem bone memorie domine *Ælidis* de *Ertry* quondam ipsius monasterii abbatisse ne quod absit nostrum monasterium diutius sue viduitatis incommodo deploret. Hinc est quod vestre celsitudini regie notum facimus quod nos dilectos nostros dominum *Petrum* de *Taillio-*

fonte[1] curatum et *Petrum* dictum *dou Martroy* de *Freneto* clericum, facimus constituimus et ordinamus procuratores nostros veros et legitimos ac nuntios speciales et quemlibet eorum in solidum exhibitorem presentium ita quod non fiat conditio melior occupantis et non occupantis deterior ad comparendum pro nobis nostro et nostri monasterii nomine coram vestra regia majestate nec non ad supplicandum eidem humiliter et devote petendum impetrandum et obtinendum ab eadem vestri gratia licentiam et favorem eligendi in dicto monasterio abbatissam prout jus et ratio suadebunt dantes et concedentes predictis nostris procuratoribus et cui libet eorum per se et in solidum tam communitim quam divisim plenariam potestatem et mandatum speciale premissa omnia et singula faciendi et omnia alia que circa hec et in hiis necessaria fuerint et occurrerint facienda ac viderint opportuna et quod nos faceremus seu facere possemus et deferemus, si presentes essemus, etiam si mandatum aliud exigant speciale ratum et gratum habentes et habiture quicquid per dictos procuratores nostros aut per eorum alterum in premissis et pertinentibus ad eadem actum supplicatum impetratum fuerit dictum seu obtentum exoramus Altissimum toto corde qui vos ad regnum hujus modi eligere dignatus est ut post hujus vite cursum in celesti regno faciat vos regnare. In cujus rei testimonium sigilla nostra quibus ad presens utimur presentibus litteris duximus apponenda. Datum anno domini millesimo trecentesimo vigesimo tertio, die jovis ante festum Ascensionis ejusdem.

LXXXVI.

LETTRES DE PROCURATIONS PAR DEVERS MONSEIGNEUR DE VALOIS POUR EMPETRER GRACE DE ELIRRE ABBESSE.

Strenuissimo principi domino suo precipuo domino *Karolo* comiti Valesie *Johanna de Monte* priorissa monasterii beate *Marie de Morgnevalle* ordinis sancti Benedicti Suessionensis diocesis totus que ejusdem loci conventus sue humiles et devote quicquid possunt reverentie et honoris et orationes in Christo assiduas et devotas. Cum nostrum monasterium sit ad presens abbatisse regimine destitutum per mortem bone memorie domine *Aelidis* de *Ertry* quondam ipsius monasterii abbatisse, ne, quod absit nostrum monasterium diutius sue viduitatis incommodo deploret ea propter vestre dominationis clementie. Notum facimus quod nos dilectos nostros dominum *Petrum Tailliofontis curatum* et *Petrum dictum dou Martroy* de *Freneto* clericum facimus constituimus et ordinamus procuratores nostros veros et legitimos ac nuntios speciales et quem libet eorum in solidum exhibitorem presentium ita quod fiat conditio melior occupantis et non occupantis deterior ad comparendum pro nobis nostro et nostri monasterii nomine coram vobis nec non ad supplicandum vestre dominationi humiliter et devote petendum impetrandum et obtinendum ab eadem vestri gratia licentiam et favorem eligendi in dicto nostro monasterio abbatissam prout jus et ratio suadebunt, dantes et concedentes predictis nostris procuratoribus et cui libet eorum per se et in solidum tam communitim quam divisim plenarie potestatem et mandatum speciale premissa omnia et singula faciendi et omnia alia que circa hec et in hiis necessaria fuerint et occurrerint facienda ac viderint opportuna et que nos faceremus seu facere possemus et

Page 40, an 1323
N. 26.
Procuration délivrée par les religieuses de Morienval à Pierre du Martroy, pour demander qu'il soit procédé à l'élection d'une abbesse à Morienval en remplacement d'Adèle d'Ertry.

[1] Taillefontaine.

deberemus si presentes ess mus etiamsi mandatum aliud exigant speciale, ratum et gratum habentes et habiture quicquid per dictos procuratores nostros aut per eorum alterum in pre-missis et pertinentibus ad eadem actum, supplicatum impetratum dictum fuerit et obtentum bene et diu valeat vestra dominatio in domino Jesu Christo. In cujus rei testimonium sigilla, nostra quibus ad presens utimur presentibus litteris duximus apponenda. Datum anno Domini millesimo trecentesimo vigesimo tertio, die jovis ante festum Ascensionis ejusdem.

LXXXVII.

LETTRES DOU ROY DE GRACE DE ELIRE ABBESSE.

Pag. 41, an 1323.
N. 27.

Lettre du roi Charles le Bel adressée au couvent de Morienval, contenant l'autorisation d'élire une abbesse, sauf la remise des droits du comte de Valois.

Karolus dei gratia Francorum et Navarre rex. Dilectis priorisse et conventui monasterii beate Marie de Morgnevalle salutem et delectionem. Cum ex parte vestra nobis fuerit supplicatum ut vestro predicta vacante monasterio per mortem Alidis de Ertry quondam monasterii ipsius abbatisse vobis eligendi ; abbatissam concederemus. Nos attendentes quod Karissimus dominus genitor noster in alia dicti monasterii vacatione ultima tunc priorisse et conventui ipsius monasterii licentiam concessit eandem et considerantes quod Karissimus patruus noster Karolus Valesie comes dicit ad se ratione commitatus predicti dationem hujus modi licentie pertinere nec sibi abesse debere dicti nomine genitoris concessionem predictam, cum facta fuerit sicut dicit eo inscio et absente et in silicia tum agente et propter ea ponentes negotium in manu nostra tanquam superioris per dictam manum superiorem, vobis licentiam concedimus per presentes vobis in abbatissam ipsius monasterii personam idoneam eligendi. Salvo dicto *patruo nostro* jure suo si quod habeat in predictis. Super quo si et cum petierit sibi justitiam faciemus. Datum Parisiis secunda die maii, anno domini millesimo trecentesimo vicesimo tertio.

LXXXVIII.

ACCENSEMENT FAIT PAR LE COUVENT DE MORIENVAL DE TERRES SISES AU VAL-BOURGON.

Page 89, an 1329
N. 80

Accensement fait par le couvent de Morienval à divers de Fresnoy, de sept arpents, un quartier et de terres situées au Val Bourgon.

A touz ceus qui ces presentes lettres verront ou orront, *Thoumas de Colons* prevost de Crespy en Vallois et *Jean de Gireline*, bourgeois de Crespy, garde dou grant scel de la dicte prévosté de par notre seigneur le roy de France. Salut. Sachent tuit que pardevant nous comme pardevant justice pour y ce faire et accorder vindrent en leurs propres personnes Adam de la Dehors, *Jean le Dringue, Ernoul le Dringue, Pierre Gachet* de la Fontaine, *Jehan le Doyen, Jehannot Corche, Clement Clichet,* et *Perrin* fils *Clement*, Dami-la-Ville, tous de *Fresnoy*-en-la-Rivière et recognurent chacuns pour tant comme il li touche et puest touchier que il avoient et ont prins et retenu dès mainstenant a tous jours a drois cens et a droite rente perpetuelle de religieuses dames et honnestes l'abbesse et le couvent de l'église Notre-Dame de *Morgneval* sept arpents un quartier et demy de terre ou environ que ladite église avoit et tenoit comme son propre domaine ou terrouir et vinéoble ou lieu que l'on dit ou val de *Bourgon* tenant aus Choisiaus et en ont prins et retenus chascuns en droit soit et pour sa portion ce qui s'en suit : Chest a savoir ledit *Adam* de la Dehors un arpent pour le pris de dena mines et demies d'avaine bal et marchande à la mesure de ladite église et pour une geline de droft cens ou rente chascun an perpétuellement. Item ledit *Jean le Dringue* demi arpent pour le pris de cinc quarterons d'avaine léal et marchande à la mesure de ladite église et pour une demi geline chascun an de drois cens ou rente. Item ledit *Ernoul le Dringue*, ledit *Pierre Gachet*, ledit *Oudin Lambert*, et ledit *Clément Clichet* chacun d'iceulz demi arpent pour autel pris chascun d'iceuls comme ledit *Jean Dringue*. Item ledit *Guiart* ledit *Mme Delafontaine* et ledit *Jehan le Doyen* chascun d'iceuls trois quartiers et demy et neuf perches poure le prix de cinc pichis d'avaine a ladite mesure et une geline de cens ou de rente chascuns an chascun arpent. Item ledit *Jehennot Corche* un arpent pour le prix dessus dit chascun an. Item *Perrin d'Ami-la-Ville,* tout le remain de ladite terre, si comme il se comporte seant au desseur dou chemin *de Hurleu* en une pièce pour le pris de quatre mines d'avaine léal et marchand à ladite mesure et à une geline de droit cens ou de rente chascun an et promistrent li dessus dit preneior chascuns en droit soy et chacuns pourtant comme il li touche et puest touchier par leurs fois de leurs corps bailliées en notre main et sur l'amande le roy à payer dore en avant à tous jours perpétuellement la rente dessus dicte chacun an as dictes religieuses ou à leurs gens en ladite ville de *Fresnoy* au jour que les gens de la dite Église penront et recevront les rentes de ladite Église en ladite ville et se il avenet en aucun temps que lidit premier ou li aucun d'eulz ou cils qui aueront cause d'eulz vendissent ladite terre soit le dites religieuses y aueront leurs ventes selon la coustume dou païs mes li achaterres ne paieroit fors que petit *Roves* [1] au majeur de ladite Église et est assavoir, que les dismes, usuffruiz des dictes terres seront payées chascun an à ladite Église soient vins ou autres dépueilles et doivent li dit preneur ou ceulz qui aueront cause d'eulz pressourier leurs aisiers [2] des vins qui croistront ez dites terres au pressoirs de ladite Église pour au tel pris comme li autres et quant à ce tenir payer et accomplir fermement et enthierement en obligerent li dit preneur chascuns en droit soy sponstant comme à chascun puest touchier la terre dessus dite pour vendre et despendre par la gent dou roy ou de par quelque justice il plaira miex au porteur de ces lettres pour enterriner le fait d'icelles, se deffaut y avoit, renonçant tous les dessusnommez pour tant comme à chascuns touche dou tout en tout en y ce fait expressément à toutes le choses generaument qui a eulz et à leurs hoirs pourroient valoir et aidier et au porteur de ces lettres grever et nuire en tesmoing de ce nous à la requête de diz preneurs avons séellé ces lettres des seaulz de ladite Prévosté, sauf tous droits. Ce fut fait en l'an de grace mil trois cent ving et nuef le jour de fête saint *Mathieu* en septembre.

---

[1] Rova, prestatio sub nomine precationis (D. C.).

[2] Aisier, vinaigre. Suppl. à Du Cange, le marc dont on se servait pour fabriquer le vinaigre.

NOTE.

A la suite du Cartulaire de Morienval, ont été écrites à diverses époques des XVIe et XVIIe siècles, des notes informes qui ont trait à des Lettres et Vidimus, autant que permet d'en juger ce qui reste des feuillets en partie lacérés.

Tout ce qu'on peut lire est écrit en langue française. Comme il paraît impossible de tirer de ces lignes sans suite aucun éclaircissement, il a paru inutile de les faire imprimer.

CHARTES

DE L'ABBAYE DE LIEU-RESTAURÉ.

I.

In nomine sancte et individue Trinitatis. Ego Goslenus dei patientia Suessorum vocatus Episcopus. L. venerabili Cassiacensis Ecclesie abbati, omnibusque successoribus ejus canonice substituendis imperpetuum. Beneficiis que ex munificentia principum religiosis conferuntur ecclesiis congaudere, ea denique Ecclesiasticis communire instrumentis par est.

Ea propter Luca fili in Christo carissime dona que Viromandorum comes Radulphus tibi tuisque successoribus ob remedium animarum sui suorumque predecessorum et successorum in perpetuum concessit, sigilli nostri impressione communiri dignum duximus. Hec scilicet : terram arabilem de Bonolio que ad dominicatum comitis pertinebat. Terragium quoque quod ibi habebat, eo tenore quod si rustici eam terram colere desistant, ad proprietatem fratrum libere revertatur, pascua quoque et terram incultam et cursum aque ad faciendum molendinum concessit. Preterea addidit quatenus usui predictorum canonicorum cederet. Necnon et in posterum quicquid in nemoribus suis eis esset necessarium. Si quis igitur ecclesiastica secularisve persona hanc nostre auctoritatis institutionem temerario ausu irritare vel destruere voluerit, semel, secundo, tertiove ammonita nisi resipuerit et satisfecerit divine ultione subjaceat. Hoc autem factum est. Anno M. C. XXX. VIII. Dominice. Anno regnante Ludovico Ludovici regis filio H. vero regni ejus anno.

1138.

Charte de Goslin, évêque de Soissons, qui confirme à Luc, abbé de Cuissy, et à ses successeurs une terre labourable au terroir de Bonneuil, laquelle Raoul, comte de Vermandois, avait léguée avec le terrage, de manière que si les paysans venaient à en cesser le labour, ladite terre repasserait aux Religieux. (Note de D. Grenier *propria manu*.)
Bibl. imp. manusc. Collect. Moreau, t. 58, n. 23.

II.

In nomine sancte et individue Trinitatis. Ego Radulfus Viromandorum comes. Apud homines quidem preclaram memoriam apud Deum vero magnificam repensationis gloriam optinere desiderans, Ecclesie sancte Marie Loci Restaurati fratribus Deo servituris pro me etiam meisque decessoribus divinitatem placaturis totam decimam de *Berenniaco*, grandem et minutam quam ibi possidebamus munificenter et liberaliter concedimus. Quibus etiam panes altaris in crastinam Nativitatis Domini persolvendis super addimus. Semper parati providentiam Deo servientium ubique protegere eorumque subaulas ad pociorem

1138.

Charte de Raoul, comte de Vermandois, par laquelle il gratifie l'abbaye de Notre-Dame du *Lieu Restoré*, des dîmes

APPENDICE.

grosses et masure de Bargny, et d'une masure au même terrain pour y bâtir. (Orig. arch. du Lieu Restoré). Collect. Moreau, t. 58, n. 19.	cumulum omni modis evehere. Preterea, ut eorum fratrum conversatio nullo unquam exturbetur adversario, eas in predicto mansuram unam habere volumus territorio. Videlicet et domos quas voluerint extruant et totius ville aisentias perpetualiter sine offenso possideant Hujus igitur donationis testes sunt milites : Johannes *Turcus* et *Drogo* ejusdem ville major. Acta sunt hec anno ab incarnatione Domini. M. C. XXX. VIII.

III.

1142. Archives de l'Oise. Confirmation donnée, en 1257, par l'official de Soissons d'un accord qui s'était fait entre les abbés de Cisteaux et de Prémontré à cause de difficultés *esmeues* par leurs Religieux. (D. Grenier).	Universis presentes litteras inspecturis. Magister Johannes de Par, canonicus et officialis Suessionensis salutem in domino. Noverint universi quod nos anno Domini MCC° L° septimo, feria sexta post decolationem beati Johannis Baptiste, vidimus Litteras Religiosorum virorum Cisterciensis et Premonstratensis Abbatum non abolitas nec cancellatas nec viciatas in hec verba. In nomine sancte et individue Trinitatis Patris et Filii et Spiritus sancti. Amen.

Confirmacio societatis et pacis inter Cystercienses et Premonstratenses.

Igitur ad custodiam pacis et civitatis utriusque capituli assensu, utrumque ordinem constitutum et confirmatum est. Ut nullus Cisterciensium canonicus, seu conversus Premonstratensis ordinis nullum Premonstratensem monachum vel novicium seu conversum Cisterciensis ordinis, nisi ex pari consensu recipiant. Nullus in utroque ordine locum ad abbatiam edificiat circa alterius ordinis abbatiam infra quatuor leucis ad mensuram uniuscumque provincie preter quod in Anglia duo leuge pro una computantur. Et Longobardia duo miliaria pro una leuga, nisi forte loca antiqua sint. Quod si nostri redditus et possessiones ad tenendum conventum sufficiant, de grangia ad grangiam sive de grangia ad abbatiam ad minus semper una intersit leuga.

Mansio vero sororum de abbatia distet duabus leugis. Verumtamen terre ille que ante annum Incarnationis et diem qui suscriptus est suscepti fuerant, sub hac lege non tenebuntur.

Siquidem singule terre ad integram carucam sufficerint vel ad edificandam abbatiam suscepte fuerint, nullus utroque ordine alter ab altero tam de nutrimentis quam de laboribus decimas exiget vel accipiet. Si aliquis in utroque ordine de qualibet re emendare vel acquirenda loco suo, prius tractare vel aliquam convenire incepit. Antequam sponte dimiserit : nullus de altero ordine sibi usurpare, vel impedire presumat Si forte in aliquibus locis inter aliquos utriusque ordinis aliquid queremonie emerserit, inter eos familiariter per aliquos religiosos mediatores componi non poterit, sine majori audiencia differetur et ad audientiam alter utrius generalis capituli referetur. Quisquis in eodem capitulo reus esse claruerit, quod intulit dampnum prius restituat et post modum in capitulum quem offendit veniam usque ad satisfactionem ante pedes ejus humiliat, reliquum vero penitencie in dispositione Generalis Capituli seu ordinis permaneat commemorationem et plenarium officium pro omnibus defunctis suis singulis annis invicem facient.

Quod ut firmum deinceps et in eternum quandiu utriusque ordinis viguerit inconcussum permaneat. Ego Renaldus Cysterciensis abbas et Generalis nostri Capituli conventus, ego quoque Hugo Premonstratensis abbas et generalis capituli nostri conventus presenti caritatis cyrographo firmamus et sigillis nostris pariter confirmamus. *Signum* Renaudi Cysterciensis, abbatis ; S. Bartholomei, abbatis de Firmitate ; S. domini BERNARDI CLAREVALLENSIS, ABBATIS ; S. Wicardi Pontiniacencis, abbatis ; S Hugonis Premonstratensis, abbatis ; S. Walteri Laudunensis, abbatis ; S. Gerlandi Floresiensis, abbatis ; S. Henric Vidariensis ; Actum est hoc anno incarnationis dominice. M° centesimo quadragesimo secundo. Epacta vicesima secunda. Inditione quinta. Concurrente III° v° Idus octobris.

In cujus rei testimonium nos Officicialis Suessoniensis presenti transcripto sigillum curie Suessonensis diximus apponendum.

Anno et die supra primo prescriptis.

IV.

1145. Bulle du pape Eugène III. Confirmation des possessions	Eugenius Episcopus servus servorum Dei. Haimoni abbati de loco Restaurato ejusque fratribus tam presentibus quam futuris regularem vitam professis in perpetuum. Quia sine vero cultu religionis nec caritatis unitas potest subsistere nec Deo gratum exhibere servitium, expedit apostolice auctoritati religiosam personam diligere et earum quieti auxiliante Domino providere. Ea propter, dilecti in Dominum filii,

vestris justis postulationibus clementer annuimus et prefatum locum in quo divino mancipati estis obsequio sub beati Petri et nostra protectione suscipimus et presentis scripti privilegio communimus. Statuentes ut quascunque possessiones, quecumque bona in presentiarum juste et canonice possidentis aut in futurum concessione pontificum, liberalitate regum, largitione principum, oblatione fidelium seu aliis justis modis prestante Domino poteritis adipisci, firma vobis vestrisque successoribus et illibata permaneant. In quibus hec propriis duximus exprimenda vocabulis.

Ex dono Radulfi comitis, terram arabilem de Bonolio que ad dominicatum ipsius pertinet. Terragium quoque quod ibidem habebat eo tenore quod si rustici, eam colere destiterint ad proprietatem vestram libere redeat. Pascua etiam et terram incultam et cursum aque ad faciendum molendinum Maurit et ausibus sue successioni ea retinetis. Ecclesiam de *Berriniaco* que per manum Manasse Meldensis episcopi ipso comite consentiente et postulante vobis tradita est. Decimam de Feniliis que ab ipso comite a militibus qui in feodo eam habebant tradita est et per manum Petri Silvanectensis Ecclesie episcopi vobis concessa. Decimam de *Burfunteneio*. Tertiam partem de *Vameseio* Nemus de sancto Medardo quod sub censu septem solidorum et dimidii monasterio sancti Medardi persolvendo vobis concessum est. Curiam de *Monte-Bosonis* cum suis appendentiis. Sive laborum vestrorum quas propriis manibus aut sumptibus colitis, sive de nutrimentis animalium vestrorum nullus omnium clericus vel laicus a vobis decimam exigere presumat. Decernimus ergo ut nulli omnino hominum, etc. Amen amen amen ☩ ☩ ☩ (Episcopi cardinalis, etc.)

Datum Vetralte per manum Roberti sancte Romane ecclesie presbiteri cardinalis
Amen. M. C. XLV pontificatus pro domine.
Eugenii pape III anno X.

du Lieu-Restoré adressée à l'abbé Haimon et à sa communauté. Des privilèges accordés à l'abbaye.
Collect. Moreau, t. 66, n° 2.

V.

In nomine Patris et Filii et Spiritus Sancti. Amen. Amalricus per misericordiam Dei sancte Silvanectensis Ecclesie minister dilecto filio Haimoni venerabili abbati Loci Restaurati, et Ecclesie sue et fratribus qui cum eo sunt tam presentibus quam futuris in perpetuum. Episcopalis officii interest pauperibus ecclesiis providere, et necessitatibus fratrum debitam impendere sollicitudinem. Siquidem illustris Viromandorum *Radulfus* comes ecclesiam *Loci Restaurati* a fundamento a propriis sumptibus edificaverat. Et quibusdam sue largitatis dotaverat beneficiis. Inter que postremo universam decimam de *Fenelicis* que de suo feodo ab antiquo descendebat a militibus redemptam et penitus absolutam in manu Petri tunc temporis Silvanectum Episcopi cum satisfactione reddidit. Et predicte Ecclesie ab eo devotissime donari postulavit. Cujus juste petitioni debitum prout dignum fuerat, et assensum prebuit et effectum hujus decime sextam partem que *Samsoni de Martieio* contingebat. Laudantibus filiis ac filiabus suis et Radulfo Guillemo, in manu nostra reddituram Ecclesie *Loci Restaurati* concessimus. Simili modo de sexta parte ejusdem decime que de feodo *Albrici de Meromonte* descendebat, ipso laudante et uxore sua ac filia ejus factum est

Tibi igitur abbas venerabilis Haimo et ecclesie tue *Loci Restaurati* tuisque successoribus in perpetuum partes predictas ejusdem decime per presentem cartam assensu archidiaconi nostri Petri in eterna et libera possessione tenendam contradimus, etc.

Anno M. C. LVI.

Signum . Americi Silvanectensis episcopi ; S. Desiderii abbatis Caroliloci ; & Haimonis abbatis Loci Restaurati ; S. Fulberti cognomento Militis.

1156.

Charte d'Amaury, évêque de Senlis, faisant mention de la fondation du Lieu-Restoré par Raoul, comte de Vermandois, et du don que ce comte lui avait fait de la dîme de Feigneux dont la sixième partie, qui appartenait à divers particuliers, fut remise à lui, évêque, par la même abbaye, ce qu'il fit par cette charte adressée à l'abbé Haimon et à sa communauté.
Collect Moreau, t. 68, n. 93.

VI.

In nomine Patris et Filii et Spiritus Sancti. Amen, Ego *Hamo* Dei gratia Loci Restaurati dictus abbas, universumque capitulum nostrum. Notum facimus tam presentibus quam futuris quod accepimus ab ecclesia *Vallis Serene* universam decimam suam Bonolii sub annuo censu quinque modiorum, duorum avene

1162.

Donation par l'abbaye de Valsery d'un

cens en bénéfice à Bonneuil en faveur de Haimon, abbé du Lieu-Restoré.
Archiv. de l'Oise, chirographe orig.

ad mensuram Petrafontis que nunc est, usque ad festum omnium Sanctorum. Apud signa memoratum Locum *restaurati*.

Actum est hoc anno Dominice Incarnationis millesimo centesimo sexagesimo secundo.

Étienne, abbé de Valsereine, sous la date donnée, 1162. (Aucune date, aucune trace de sceau.)

Confirmation par Hugues, abbé de Cluny.

VII.

1166.

Accord entre l'abbaye du Lieu-Restoré et celle de St-Médard-lez-Soissons au sujet d'une petite forêt, à condition que les chanoines réguliers du Lieu-Restoré la défricheraient et la mettraient en nature de terre labourable.
Collect. Moreau, t. 74, p 134.

Noverint tam futuri quam presentes fratres *Loci Restaurati* diu tenuisse silvulam quamdam a sancto Medardo, censum inde singulis annis scilicet VII solidos et dimidium solventes. Convenit tandem inter Ecclesiam sancti Medardi et Ecclesiam *Sancte Marie Loci Restaurati* ut fratres predicti silvulam ipsam rumperent et terram facerent arabilem. Metas silvule que prius assignate fuerant nullatenus transgressuri. Hec autem pretio sic considerata est ut ab utraque parte concessa sit, cum eodem censu quem prius dederant. Duas partes decime de terra eadem fratres sepe prefati sancto Medardo imperpetuum redderent, terciam vero partem pro ruptura et labore renovationis sibi retinerent. Sed ne discordia vel dissentio aliqua inter Ecclesias ipsas propter nimiam domorum vicinitatem contigeret assensu ecclesie utriusque firmissime statutum est ne mansionem aliquam super eandem terram edificare presumerent. Quod ut ratum sit et firmum per cirographum utriusque Ecclesie sigillo roboratum est.

Actum in capitulo sancti Medardi. VII. Idus junii. Anno ab Incarnatione Domini M°C°LX°VI°.

VIII.

1179.

Charte d'Étienne, doyen de Saint-Rieul de Senlis, touchant l'abandon fait par son chapitre de l'abbaye à l'abbaye du Lieu-Restoré, d'une dîme au terroir de Feigneux, à la charge de rendre annuellement dix-sept muids de blé médiocre et huit muids d'avoine.
Collect. Moreau, t. 82, p. 236.

In nomine Patris et Filii et Spiritus Sancti.

Notum habeat tam futura successio quam presens hominum generatio quod ego Stephanus Dei gratia Ecclesie beati Reguli Silvanectensis decanus, assensu totius capituli nostri universam decimam quam in territorio de *Fenix* possidebamus Ecclesie *Loci Restaurati* perpetuo possidendam adamussim concedimus. Eo tenore quod ab ejusdem Ecclesie fratribus XVII mira mediocris annue ejusdem decime et VIII mira avene in festo beati Martini in *horreo de Holdrival* ad mensuram granarii abbatie de *Morneval*, que tunc temporis erat nobis, persolventur annuatim et ut in posterum omnis de territoriis sopiatur contestatio rem ipsam breviore terminantur compendio limitandis territoriis metam imponimus que *Pieruire* dicitur usque in Holdrival et ubicumque in territorio de Fenix decimatis adjacet hujus captioni protenditur. Accepit preterea Ecclesia Loci Restaurati decimam decem arpennorum preter illam, que antea ibi possidebat de terra que dicitur de *Freheri* inter predictum vicum et Ulmum de Fresnoy positorum. Et sic utraque ecclesia jus proprium quod in territorio de Fresnoy antiquitus possidebat, denuo pro parte perpetualiter possideat. Nos autem ut pactio ista firma et rata, etc..... Auctoritate sigilli nostri confirmavimus, etc...... Actum anno M° C° LXX° IX°.

IX.

1185.

Charte de Mathieu, comte de Beaumont, et d'Eléonore de Vermandois, son épouse, cumtesse et dame de Crespy, par laquelle ils donnent à l'abbaye du Lieu-Restoré quatre-vingts

In nomine sancte et etc.

Justum est ut de nobilium virorum atque mulierum habundantia servorum Dei penuria suppleatur. Unde est quod ego Matheus comes Bellimontis et uxor mea Eleonor comitissa et domina Crispeii donavimus in perpetuum Ecclesie Beate Marie Loci Restaurati octoginta arpentos terre in nemore nostro apud Bereniacum ad mensuram arpentorum ejusdem ville, ita videlicet quod de eadem terra nonam garbam tantum ab Ecclesia recipiamus, et famulus noster in tempore messis per singulos arpentos *bladiatos;* unum manipulum. Consensimus etiam quod si quis eandem Ecclesiam, quod absit, de eadem terra inquietaverit, plenam garandiam eidem Ecclesiæ portabimus. Ut autem hec pactio in perpetuum duret, sigillorum nostrorum impressione confirmavimus et nobilium virorum qui interfuerunt testimonio roborari fecimus, et Theobaldi de Morangle et Radulfi Turci et Arnulfi Bulgri et Renaldi de Fenix et de Veteri Valle et Renaldi de Turrella et Radulfi Mineri.

Actum est hoc apud Crispeium. Anno M° C° octogintesimo quinto.

arpents de terre dans les bois de Bargny à la charge d'en rendre la neuvième gerbée.
Collect. Moreau, t. 88, p. 136.

X

In nomine, sancte et individue Trinitatis. Amen. Ego Gaufridus Ecclesie beati Arnulfi de Crispeio prior et ejusdem Ecclesie conventus, tam futuris quam presentibus notum fieri volumus quod quondam positionem inter ecclesiam nostram et ecclesiam Beate Marie *Loci Restaurati* de decimationibus nostris et suis hoc modo in perpetuum tenendam fecimus. Videlicet quod Fratres ecclesie Loci Restaurati omnem decimationem que est de larriz *Summevallis* de *Correi* et de monte *Herlemer*, et de *Bus Roberti* usque ad terram sancti Medardi et de omnibus rebus a quatuor istis terminis usque ad aquam. Quas propriis manibus et sumptibus laborabant sive de nutrimentis animalium a die qua pax ista facta est in pace possidebunt.

Exemptis V arpentis de terra *Johannis de Bonolio*, de quibus decima Ecclesie nostre remanet. Debent predicti Fratres ecclesie nostre singulis annis XII sextaria vini in vendemia ad mensuram *Bonolii* persolvenda. Secundum vero quod ecclesia nostra omnem decimationem ultra viam que ducit de *Haramonte* ad *Berval* qui juris illorum erat in larriz et in fructicibus, de *Menodi piro* et in fructicibus qui sunt inter duas terras et in vineis in perpetuum possidebit preter boseum, de quo bosco decima eorum est. Ut autem hec pactio etc. . . . .
. . . .

Actum est hoc anno........ M° C° nonagesimo ij.

1192.

Accord entre l'église du Lieu-Restoré et le prieur de Saint-Amand, au sujet de la dîme de la grange dans les terres de Sommeval et du Bois-Robert.
Archives de l'Oise, orig. sur parchemin.

XI.

Nivelo, Dei gratia Suessionensis episcopus, omnibus ad quos littere presentes pervenerint salutem in Domino. Notum facimus presentibus et futuris quod Petrus miles *de Plesseio* religionis habitum suscipiens in ecclesia Loci Restaurati eidem ecclesie contulit in elemosinam duos modios bladi ad mensuram de Crispeio in terragio de Plesseio singulis annis percipiendos et terram suam quam habebat in loco qui dicitur *Cultura Frambout* sitam intra terras ipsius Ecclesie et plenum usagium in nemoribus et pascuis suis omnibus de *Plesseio*, excepto loco qui dicitur *Pruele* predicte Ecclesie donavit libere et quiete in perpetuum possidenda. Ad hec omnia plenum prebuerunt assensum *Hugo* frater predicti Petri, et filii ejus, *Guido et Egidius* et *Willelmus* et gener ipsius Odo *Pisseleu* et Bartholomeus *de Bergni*. Et quod omnia... observari... faceret. Hujus rei testes et plagii fuerunt *Renardus* et Eustachius *de Ruissi* prepositi de Crispeio. — Preterea testes fuerunt Elinandus abbas et totus conventus dicti loci... Thomas sacerdos de Pisseleu et alii sacerdotes et tota parrochia de Wlecheniis. Anno M° C° nonagesimo nono.

1199.

Charte de Nivelon, évêque de Soissons, confirmant à l'abbaye du Lieu-Restoré deux muids de blé, mesure de Crépy, à prendre dans le terrage de Plessy-le-Bourg et plein usage dans les bois et pâturages du dit lieu, excepté dans le lieu de Praesle.
Collect. Moreau, t. 100, p. 14

XII.

Ego Gaufridus Dei gratia Silvanectensis episcopus. Noverint tam presentes quam futuri quod Thomas quondam prepositus Firmitatis Millonis et uxor ejus *Ermines* sex modios *bladii* (sic) quos Petrus de *Jahagni* in granchia *de Hodrival* pro commutatione decime de *Fenix* habebant acquisissent. Et E... uxor ejus moriens unum ex illis tribus qui de sua parte ei contigerant *Ecclesie Loci Restaurati* in eleemosinam contulissent. Post modum ipse T... in presentia nostra constitutus tres illos modios qui sui erant per manum nostram eidem ecclesie contulit eleemosine titulo in perpetuum possidendas. Insuper etiam fide

1200.

Aumône de six muids de bled faite à l'église du Lieu-Restoré par Thomas, prévôt de la Ferté-Milon, et Ermine, son

épouse, à l'église du Lieu-Restoré, avec charge pour la dîme de Feigneux. Enguerrand de Liry, de qui dépendait ce fief, approuve.
Archiv. de l'Oise.

imposita firmavit in manum nostram quod eandem elemosinam adversus omnes homines eidem ecclesie garanderit.

Ingeranus etiam de *Seri* de cujus feodo elemosina illa movebat elemosinam tam illius modii quem E... uxor ejusdem T... quam illos tres quos ipse E... dederat ratam habuit et fide data in manu nostra de illa elemosina se quantum ad feodum pertinet garandiam portare promisit erga omnes illos qui in eodem feodo aliquid juris habent vel habere possunt. Eamdem dictam elemosinam uxor ejusdem J ... ratam habuit.

Quod ut ratum sit, ad petitionem ipsorum hoc scriptum super hoc factum, sigilli nostri impressione fecimus communiri. Actum apud *Locum Restauratum* anno verbi incarnati. M° duodecimo. Astantibus Magistro Lamberto Capellano nostro et Radulfo Palart canonico Silvanectensi.

XIII.

1201.

Charte d'Eléonore, comtesse de Saint-Quentin, et dame de Valois, confirmant à l'abbaye du Lieu-Restoré l'aleu de Bargny donné par Martin de la Chapelle, sous charge d'un cens annuel d'un marc d'argent. Confirmation accordée sous condition que les Prémontrés y édifieront une chapelle de leur ordre.
Archives de l'Oise, orig.

E.... Comitissa Sancti-Quintini et domina Valesii, omnibus in perpetuum. Noverint universi tam, presentes quam futuri quod *Fratres ordinis Spate* in presentia nostra, constituti, Abbati et fratribus Loci Restaurati terram de *Bereniaco* quam *Martinus de Capella* eis et ordini suo contulerat sub annuo censu unius marci argenti de pretio quadraginta solidorum Parisiensium in festo beati Remigii singulis annis solvendo in perpetuum possidere concesserunt. Sciendum est etiam quod dicti *Fratres Loci Restaurati* filiis Martini prenominati pro quitancia juris quod in terra illa reclamabant similiter unum marcum argenti de dicto pretio in festo sancti Remigii annuatim reddere tenebuntur. Nos vero hec laudavimus et concessimus sub tali conditione quod sepe dicti fratres Loci Restaurati apud *Beriniacum* in curte sua capellam construent et ibidem capellanum de ordine suo pro anima nostra et antecessorum nostrorum eidem capelle in perpetuum deserviturum instituant. Quod ut ratum, et inconcussum presentem paginam sigilli nostri appositione fecimus confirmari. Actum Crispeii anno Domini M° CC° 1° mense julio, Datum per manum Drogonis clerici nostri.

XIV.

1202.

Charte d'Eléonore, comtesse de Saint-Quentin, et dame de Valois, confirmant le don fait par Huger de Bargny, officier de sa maison, à l'église de Lieu-Restoré.
Collect. Moreau, t. 104 p. 111.

Elienor comitissa Sancti Quintini et domina Valesie. Notum facio tam futuris quam presentibus quod *Hugerus famulus meus de Bergni* assensu meo Ecclesie Loci Restaurati decem agripenna terre qui erant de feodo quod de me tenebat pro anima mea et anima ejus et antecessorum nostrorum in perpetuam eleemosinam contulit, tali conditione quod predicta Ecclesia reddet annuatim *Conventui sanctimonialium Morianevallis* ad carbonem emendum in refectorio decem et octo solidos Parisienses ad festum sancti Johannis-Baptiste et Ecclesie Longiprati duos sextarios olei de Nucibus ad opus lampadis in monasterio de nocte ardentis ad mensuram Firmitatis Milonis ad festum sancti Martini annuatim reddendos. Similiter ecclesia sancti Dionisii in *Beregniaco* duos sextarios olei de nucibus ad mensuram predictam in jam dicto festo sancti Martini singulis annis persolvendos pro lampade in Ecclesia de nocte ardente. Quod ut ratum etc. Actum anno M° CC° II°.

XV.

1202.

Charte de Mathilde, abbesse de Fontevrault, par laquelle du consentement de la prieure Eustachie et du prieur Gilbert et

Sciant presentes et futuri quod ego Mathildis abbatissa *Fontis Ebraldi* assensu et consilio Eustachie priorisse de *Colonanciis* et Gilleberti prioris, fratrum et sororum ejusdem loci, concessisse Ecclesie Loci Restaurati septem minas avene quas Ecclesia de *Colonanciis* adclamabat in terra *Martini de Capella* in sepultura *Johannis* filii sui qui jacet in cemeterio Ecclesie prenominate pro decima de quatuor arpentis terre quam Wigerus in territoriis de Berenciaco ecclesie predicte in elemosinam condonavit, et ne discordia inter Ecclesias prenominatas in posterum assurgat, ventionem istam per cyrographum et impressionem sigilli nostri fecimus confirmari. Inde testes sunt Odo decanus de Maroie, Hydo de Bereniaco necnon et Renerus filius ejus. Actum est hoc anno Verbi incarnati M° CC° II°

de la communauté de Colinance, elle abandonne à l'abbaye du Lieu - Restoré sept mines d'avoine de dîme que le monastère de Colinance répétait au territoire de Bargny.
Collect. Moreau, t. 104, p. 78, copié sur l'orig. aux arch. du Lieu-Restoré.

XVI.

1207.

Ego Fernandus Militie sancti Jacobi extra montes Ispanie, commendator. Notum fieri volumus tam presentibus quam futuris nos ratam habere compositionem factam inter abbatem et conventum *Loci Restaurati* et Rodericum priorem ordinis nostri, in Gallia, super terra que fuit Martini de Capella apud Berigni : hoc modo scilicet ut predicti abbas et conventus commendatori ordinis nostri in Gallia commoranti vel alicui sigilli nostri impressis litteris deposcenti censum XL solidorum Parisiensium monete ad festum sancti Remigii annuatim persolvant. Hoc autem factum est anno ab incarnatione domini M° CC° VII°.

Lettres de Fernand, commandant de l'ordre de Saint-Jacques au-deçà des Pyrénées, par lesquelles il confirme un traité fait et passé entre l'abbé et le couvent du Lieu-Restoré, et Roderic, prieur de l'Ordre en France, au sujet de Martin de la Chapelle à Bargny, à la charge d'une rente de 40 s. parisis à payer annuellement au commandeur de l'Ordre en France.
Collect. Moreau, t. 110, p. 91, copié sur l'original.

XVII.

1215.

In nomine Sancte et individue Trinitatis. Amen. Ego *Philippus* dei gratia rex Francorum. Noverint universi presentes pariter et futuri quod nos concessimus canonicis *Loci Restaurati*, quod ipsi habeant singulis annis mense martio per traditionem servientum nostrorum *mille circulos de coldree et de charme* ad duplarios de foresta nostra de Retz, et Septuaginta turriculos de bool ad magna dolia et ad cuvas, singulis annis mense maio ibidem accipiendos. Servientium nostrorum similiter, nichilque amplius capient canonici memorati in predictis landis. Quod ut perpetue stabilitatis robur obtineat presentem cartam sigilli nostri auctoritate et Regii nominis caractere inferius ornatam confirmamus.

Actum *Compendio*, anno dominice incarnationis. M° CC° quinto decimo, regni vero nostri tricesimo sexto. Astantibus in palatio nostro quorum nomina supposita sunt et signa.

Diplôme du roi Philippe-Auguste qui accorde aux chanoines réguliers du Lieu-Restoré, de prendre annuellement dans la forêt de Retz mille *cordons* de coudre et de charme pour faire des futailles, et soixante-dix cordons de bouleau pour faire des cuves et de grands tonneaux.
Collect. Moreau, t. 120, p. 104, copié sur charte de papier (avec monogramme du Roi).

XVIII.

1230.

Johannes de Roma frater et commendator fratrum *militie beati Jacobi de Spata* et omnes fratres ejusdem ordinis in Gallia. Omnibus presentes litteras visuris salutem. Noverint universi quod ego jam dictus Johannes et predicti Fratres nostri pro utilitate domorum nostrarum et totius ordinis nostri vendidimus in perpetuum viris religiosis abbati et conventui *Loci Restaurati* et Ecclesie sue quadraginta solidos parisienses in quibus nobis predicti abbas et conventus annuatim tenebantur pro quibusdam terris suis in territorio de Berlgni. Quoniam autem hanc venditionem firmam esse volumus et stabilem, predictis abbati et conventui concedimus, creantamus et in verbo Domini promittimus quod si a magistro et commendatore nostri Ordinis *de Ispania* velle revocare hanc venditionem contigerit, vel aliqui nostro Ordini pertinentes dictam Ecclesiam super premissis vellent aliquo modo molestare vel molestari procurarent, summam pecunie videlicet triginta quinque libras parisienses quas ab ipsis recepimus pro quadraginta solidis prenominatis reddere teneremur. In cujus testimonium et munimen tam sigillo nostro quam sigillo capituli Fratrum nostrorum in Gallia commorantium litteras presentes fecimus roborari. Actum anno Domini M° CC° XXX.

Lettres de Jean de Rome, commandeur de l'ordre militaire de Saint-Jacques et de tous les frères de l'ordre, par lesquelles ils déclarent avoir vendu à l'abbaye du Lieu - Restoré une rente de 40 s.p qu'ils lui devaient pour

certaines terres à Bagny. (Voyez la charte 120) Deux sceaux dont l'un porte une épée en pal, la pointe en bas...., accostée de deux fleurs de lys. — Légende : *Jacobi in Gallia*. De l'autre côté, une coquille renversée.
1246.

L'official de Meaux constate la vente faite à l'abbaye du Lieu - Restoré par Geoffroy de Nanteuil et Marie, son épouse, d'un muid de blé sur la grange d'Haudrival moyennant 35 l p.
Archiv. de l'Oise, cartul. du Lieu Restoré.
1257.

Lettres du roi saint Louis par lesquelles ce prince fait remise aux Religieuses de Morienval de 30 s. parisis et du tiers d'un muid de vin de rente annuelle. Cette remise faite en faveur de l'anniversaire de la reine Blanche.
Collect. Moreau, t. 180, p. 42.
1262.

Charte en français concernant le don fait par messire Renaut de Séri, chevalier à l'Église de Notre-Dame du Parc de l'ordre de Cîteaux, de terres à Rouville et champart, sur terres à Haudrival.

1298.
Collect. Moreau, t. 215, p. 143.
Lettres de Charles, fils du roi de France, par lesquelles il amortit une maison léguée par Giroux de Pisseleu à la Maladrerie de Pisseleu Cartul. sur papier de l'abbaye du Lieu-Restoré, f° 552,

XIX.

Omnibus presenties officialis curie Meldensis notum facimus quod in nostra presentia constituti Gaufridus *de Nantolio Houdoini* armiger et domina Maria ejus uxor asseruerunt quod dicta Maria habebat et percipiebat annuatim de hereditate sua propria in *Granchia Houdrivalle* que grangia est ut dicitur ecclesie *Loci Restaurati*, unum modium bladi ad mensuram de *Crispeio in Valesia* moventis de dominio *Loci Restaurati* in perpetuum pro triginta quinque libris parisiensibus.
Datum anno Domini M° CC° quadragesimo sexto mense julio.

XX.

Ludovicus Dei gratia Francorum rex. Noverint universi presentes pariter et futuri, quod cum Moniales Morgnevallis nobis tenerentur singulis annis in triginta solidis Parisiensibus ratione cujusdam prati qui vocatur *Brolius*, et in tribus partibus unius modii vini ratione cujusdam clausi qui dicitur *platea*. Nos, divini amoris intuitu pro salute anime nostre ac pro remedio animarum inclite recordationis regis Ludovici genitoris nostri et aliorum antecessorum nostrorum nichilominus etiam ad hoc considerationem habentes quod eedem moniales sicut asseritur anniversarium felicis memorie Blanche Francie Regine Karissime matris nostre in sua ecclesia celebrant annuatim predicta omnibus in quibus tenebantur, concessimus et quittavimus eisdem in perpetuum ad pitanciam faciendam in die anniversarii memorati salvo jure nostro in aliis et etiam alieno. Quod ut ratum et stabile permaneat in futurum presentem paginam sigilli nostri fecimus impressione muniri. Actum apud Compendium anno Domini millesimo ducentesimo quinquagesimo septimo mense martio.

XXI.

A tous ceux qui ces presentes lettres verront et orront. Je *Jean* escuyer fuis monseigneur *Mauléon le Bougre*, jadis chevallier, dit *de Pondront*, salut en Notre-Seigneur. Je fas savoir que messire *Renaut de Seri* chevallier a donné à l'Église Notre-Dame du Parc de l'ordre de Cîteaux, c'est a savoir trois mesures séant à Rouviller et le champart de deux arpents de terres séant au terroir de Rouviller et un muid de blé que le dict chevallier prend chascun an en la granche de Houdrival et toutes les appartenances et la justice, et la signorie de toutes les choses cy devant nommées et quan que je ay ou avois ou pouvois avoir.
Fait en l'an de l'incarnation mil et CC et soixante et II au mois de May
Collationné par de Betisy et Carrier, le 17 décembre 1650.

XXII.

Charles, fils de Roy de France, comte de Valois, d'Alençon de Chartres et d'Anjou, à tous ceulx qui ces présentes lettres verront et orront. Salut. Sachent tuit que nous voulons et nous plaist que M. *Girous* de *Pisseleu* puisse transporter ou donner à Eglise, à Maison-Dieu ou à Maladrerie une maison que il a à Pisseleu avec tout le pourpris si comme il se comporte. Jouxte la maison et le manoir feu Robert Testard d'une part, et jouxte le chemin de la Ferté-Milon d'autre part. En telle manière que nous et nos hoirs ni nos successeurs ne le puissions contraindre de mettre hors de leurs mains la dite maison et tout le pourpris dessus dit. Saulf à nous à nos hoirs, à nos successeurs le ressort, l'obéissance et notre droict, et saulf le droict d'aultruy. En tesmoing de laquelle chose, nous avons donné ces presentes lettres seelées de nostre seel. Qui furent faictes à Saint-Germain en-Laye le sabmedy après l'Annonciation Nostre-Dame, L'an de grâce M. CC quatre-vingt et dix-huit.

www.ingramcontent.com/pod-product-compliance
Lightning Source LLC
LaVergne TN
LVHW051455090426
835512LV00010B/2163